新品类咨询专家玄机系列丛书

新品类战略

THE STRATEGY OF NEW CATEGORY

玄机◎著

企业管理出版社
ENTERPRISE MANAGEMENT PUBLISHING HOUSE

图书在版编目（CIP）数据

新品类战略 / 玄机著 . -- 北京 : 企业管理出版社，2023.4

ISBN 978-7-5164-2820-7

Ⅰ . ①新… Ⅱ . ①玄… Ⅲ . ①企业管理–产品管理–企业战略–研究 Ⅳ . ① F273.2

中国国家版本馆 CIP 数据核字（2023）第 054618 号

书　　名： 新品类战略
书　　号： ISBN 978-7-5164-2820-7
作　　者： 玄　机
策　　划： 蒋舒娟
责任编辑： 刘玉双
出版发行： 企业管理出版社
经　　销： 新华书店
地　　址： 北京市海淀区紫竹院南路17号　　**邮　　编：** 100048
网　　址： http://www.emph.cn　　**电子信箱：** 26814134@qq.com
电　　话： 编辑部（010）68701661　发行部（010）68701816
印　　刷： 北京虎彩文化传播有限公司
版　　次： 2023年4月第1版
印　　次： 2023年4月第1次印刷
开　　本： 700mm×1000mm　1/16
印　　张： 12印张
字　　数： 165千字
定　　价： 56.00元

丛书序言

PREFACE

写本丛书的原因（一）

此前，有些财经媒体在邀请我访谈时提到，有关新品类的书籍对新品类研究与开发的影响是巨大的，希望我能在《新品类》一书的基础上出版新作，那时我并未就此说法表态。后来在陆续与一些读者交流时发现，这类书籍对他们在经营上的影响是巨大的，他们希望我能继续在国内普及新品类的相关知识，让更多的人学习并从中受益。我也深刻感受到目前相关著作在国内的缺乏程度，为此我对新书的出版进行了长时间、深层次的思考，最终决定对国内外现有的新品类方面的理论、方法等进行进一步的补充，以便让国内中小品牌管理者能够了解新品类对于企业经营的重要性，同时了解如何运用新品类促进企业发展。

每个月都会有很多经营管理及市场营销类的图书出版，供广大管理者学习和参考，而现实是，管理者穷其一生都难以阅读完相关书籍的冰山一角。阅读可以让管理者在日益激烈的品类竞争中保持独立思考，但有的时候学习越多，反而越不知所措。这就如百家争鸣，各扬所长而不论实际国情。本丛书似乎也有给管理者加重“知识负担”的嫌疑，但《新品类》的读者反馈，他们运用书中所谈到的理论及方法之后，解决了日常工作中90%的问题，使自己的企业获得了迅猛的发展。

在做顾问的十几年中，有很多管理者希望我能写一本书系统化地介绍新品类，不只是讲解运营效益那么简单的，也不是关于外部品类竞争的，而是中小型企业管理者能够看懂，并能为其所运用的专业著作，书中不能有太多的专业术语、专用名词，也不能存在“规模上的代沟”。为此我花了不知多少个日夜，与团队一起对这十几年的工作进行总结，成功地总结出更贴合中小品牌的经营发展特点的新品类理论与方法，让中小品牌的经营者能够在本丛书中找到办法解决开展新品类活动中遇到的困难，并应用这些理论及方法改善中小品牌的经济创收。

现如今，管理者如何应对市场竞争中的“品类战争”，对品牌未来的发展具有至关重要的影响。

这不应该是管理者茶余饭后讨论的问题，也不应该仅仅停留在学术层面，品类竞争中的每位管理者都面临新品类存活率的问题，这个问题很关键。管理者们要想在品类竞争中不落下风，就必须抓紧时间，对这个问题进行思考。在过去的十几年里，作为多家大企业的资深顾问，我接触过的企业遍及国内各地，企业内的基层管理者至高层领导者，都是我服务过的对象。通过与企业管理者的密切接触，我发现并且深刻感受到他们目前所面临的问题于他们而言多么重要，这个挑战的难度又意味着什么。

经历过几十年的社会变革和发展，大家都知道，一切都是暂时的。对于在品类竞争中的品牌而言，优势是暂时的，劣势同样也是暂时的，关键问题就在于如何将阶段性的短期优势、劣势转变为长期优势。虽然我们不追求一劳永逸，但也不想在每个阶段都处于追赶状态。例如，已经成为一个品类中的领导品牌，如何保持上升？我的建议是进行另一个周期的新品类活动，我称之为品类战略，“品牌教父”宝洁正是以品类战略独霸了日化市场。

投资者对于品牌的增长充满期待，甚至会在品牌发展的每个阶段都提出一些不可能完成的目标。本丛书的价值在于提出对于中小品牌也同样适用的理论知识，能够被中小品牌有效运用。品类战略并不是最好的手段，目前在市场中也不是对任何管理者都适用，但它是中小品牌、大型品牌、巨型品牌都能够运用的，也是品牌在每个阶段都能够运用的战略方式。比起公司战略或者多元化战略，品类战略能够带来良性发展，能够让企业内部充满力量。

品类战略只有一个条件，那就是：已经占据品类中数一数二的位置之后才能进行下一个新品类活动。在需要增长的同时，想想自己是否已经做到了品类中的“数一数二”，如果是，再开始进行第二个新品类活动项目的探索。这样在满足了投资方无穷无尽增长欲望的同时，又能够坚持自身立场。什么都能变，唯独这个条件不变。品类战略能够让品牌在创造出持续价值的同时，为下一个新品类活动做好充足的准备。记住，除非你已经做到了“数一数二”，否则不要有新的启程！

新品类的差异化所带来的价值应该是管理者最先考虑的，也是管理者赋予品牌在品类竞争中的“超级武器”，如 iPhone 的“超级武器”是 iOS 系统，而华为手机的“超级武器”是鸿蒙系统，这两者的差异化使它们占据了手机品类最大的品类份额。而差异化之下的特性则是秘密武器，品类秘密武器是顾客将该品类作为首选的原因。iPhone 的秘密武器是“流畅”，而华为手机的秘密武器是“信号稳定”。大家谈论 iPhone 的绝大多数话题不就是它的系统跟其他品牌不同（封闭）吗？而大家谈论华为手机的绝大多数话题不就是它的系统开放（封闭的对立面）吗？ iPhone 作为智能手机的开创者，充分地占据了开创者的有利地位，而华为手机则采用了与 iPhone 完全对立的方式——开放，华为手机所持有的“超级武器”抢走了手机品类的大部分品类份额。“神仙打仗，小鬼遭殃。”华为抢了谁的品类份额呢？推出同质化产品的品牌因为“超级武器”的杀伤力不足而无法及时防御来自华为的“超级武器”，最终退出市场，将品类份额拱手相让。

创造差异化对于品牌如此重要，以至于你不能忽略它，对于一个业务架构简单且清晰的品牌，如何在市场上寻找到有杀伤力的“超级武器”是管理者每天都要关注的，或者说这个品类中的“超级武器”已经被竞争对手找到，并且运用得风生水起，那你就无法对其发动攻击，只能伺机而动，不断寻找有效的机会。若你已经找到了“超级武器”，请你一定要充分发挥好这一“超级武器”，运用好“超级武器”不仅会让你事半功倍，还会让你带领品牌更快地腾飞。

持续创造价值是一种让管理者带动品牌发展的重要方式，战略定位对品牌是否拥有“超级武器”有着非常严苛的标准。各种“超级武器”的杀伤力是不同的，在同一时期：iPhone 占据了 iOS 系统这一差异化，占据了全球 17% 的品类份额；而华为手机占据了鸿蒙系统这一差异化，却只占据了全球 4% 的品类份额。这或许存在时间的因素，但 iPhone 作为智能手机品类的开创者，的确拥有对品类中“超级武器”的选择权，这是未知领域对于开创者的奖励，是一种无上的荣耀，除非品类消亡，否则这一“超级武器”始终会被开创者所单独持有。不要小看这个“超级武器”，这为 iPhone 的“高价售卖”提供了支持，难道买 iPhone 的人不会觉得它很贵吗？但是否有人质疑它的价值？大部分购买者会格外珍惜自己所拥有的这部昂贵的智能手机。

虽然差异化的应用是目前全球所有管理者都迫切想要了解的，或者说是需要掌握的，因为他们对于差异化能对品牌产生的积极作用并没有任何怀疑，但差异化的有效实施不单是管理者要面临的挑战。品牌无法寻找到有价值的差异化就会停止价值增长，这是我们需要时刻警惕的。

全球范围内的关于差异化的有效理论非常匮乏，目前也有很多专业人士在研究这个领域，但对于相关研究成果似乎都“秘而不宣”，基本上只用于为大品牌提供咨询服务。大品牌的咨询预算充足，市面上几乎所有的咨询公司都愿意为其提供细致入微的服务。可我始终期望写一本专业著作，不单为大品牌提供服务，也能为中小品牌的发展提供助力。

本丛书专注于论述新品类活动中对差异化的寻找、分析、使用等，这些能引领企业获得经济上的成功。其中有一部分内容是我与团队多年项目工作的经验，另一部分内容是我对该领域进行研究所取得的成果。书中的一些专用词及其实际应用可能与管理者日常接触的大不相同。通过十几年的研究，我终于梳理出一些系统性地寻找差异化的方法，为国内中小品牌在经营发展上提供品类竞争的指导。

品类竞争中存在着许多品类，品类与品类之间存在明显的差异，每个具有变革性的品类都占据着数个甚至数十个不同的差异。这犹如一个战略定位地图，其中涵盖了一些商业法则，管理者想要在战略定位地图中寻找到适合自己的差异化，就需要结合品类活动开启对差异化的探索。有些差异化已经被使用了上百年甚至几百年，被几代人甚至几十代人所了解，如奔驰占据“地位象征”这一差异化百余年时间，已经影响了好几代人，很多人都清楚奔驰在汽车行业的地位，不会有人觉得奔驰对汽车品类的影响不够。奔驰的差异化在其发展过程中几经改变，不过好在管理者很快就意识到自身的“超级武器”就是“地位象征”。同时，奔驰是汽车品类的开创者，品类开创者虽也可能在商业竞争中犯错误，遭遇失败，但由于人们更加信赖它，而且更希望它能够站起来，会给予其更多的理解、更多的鼓励，而奔驰最终也不负众望，牢牢握住“地位象征”这一最佳“超级武器”。

战略定位地图内的差异化对应着新品类活动中的运营效益，运营效益对应着不同阶段的活动计划，阶段活动成果带来的影响最终是否可以形成强有力的“超级武器”，取决于运营效益能否有效发挥。日常经营中，以差异化来引导品牌的发展，是管理者可以深入学习的品类竞争的有效方式，管理者需要对市场竞争对手所持有的“超级武器”有足够的关注，同时为自身的差异化构建竞争优势及防御壁垒，从而找到经营上的关键核心点。相关理论告诉管理者需要做哪些事情，又有哪些事情不能触碰，哪些事情需要远离。差异化理论能够告诉我们需要对战略定位做出哪些选择，如何形成一套与竞争对手完全不同的运营模式，这在日常经营中是至关重要的，也会直接表现为经济成果，在绩效上升或下降上有最直接的体现。

合理使用差异化有助于品牌取得品类竞争的成功，差异化有时候也需要进退有序，有些差异化无法直接在战略定位地图中直接选择，需要管理者通过逐步升级的方式获取。例如华为手机的差异化是鸿蒙系统，而鸿蒙系统也是在 2019 年下半年才正式对外发布的，此前的“超级武器”可能没有那么强的杀伤力，甚至可以说，华为手机在起步阶段可能没有“超级武器”。这都是因为战略定位地图的规则在某一时期尚不明确，管理者无法对战略定位地图中的最佳“超级武器”有足够的认识，自然无法合理加以运用，这也是情理之中的事情。

但一些已经进入战略定位地图的品牌，不单寻找到了适合自己的“超级武器”，而且已经发展至全球顶级品牌，它们就相对轻松，因为它们已有足够的成功经验为下一次可进行的新品类活动做好充足的准备，这类品牌往往能够更快地走向成功。

以往进入过战略定位地图的一些品牌，或许是因为新品类发展未能持续下去，或许是因为无法升级自己的“超级武器”，现今已然不复存在，这也许是一个品类的陨落，但对于品牌而言是更大的损失。不过在经过战略定位地图的自然循环，不具备竞争力的品牌丢失了“超级武器”的同时，新兴品牌也能够找到以往强势品牌所持有的“超级武器”，并在新的时代大放异彩，这些“超级武器”最终还是回到了战略定位地图中，等待着在新一轮新品类活动中被选取。

写本丛书的原因（二）

本丛书会论述品类竞争所需的60%的品类应用理论和40%的品类实战理论，还会提及一些深层次的名词和理论，列举如下。

①战术、战意、战时、战况、战态、战耗、战资。

②战略莽撞、战略含糊、战略平庸、战略才疏、战略高智、战略无知。

③战略阶梯、竞争规则、战略才能、战略失利、短期行为、轻战行为。

④一些理论工具：豪威尔环、豪威尔优势调研法、豪威尔杠杆、豪威尔感知调研法、豪威尔维度法、豪威尔价值法、豪威尔品类防守战略、豪威尔信任状、豪威尔新品类步骤法、豪威尔战略生效理论、豪威尔超级武器理论、豪威尔新品类定律、豪威尔战略五行、豪威尔战略结构图、豪威尔战略打分榜。

由于品类理论在全球范围内还属于前沿理论，多数管理者尚未接触，并不熟悉该理论的模型及作用，所以理论传播就慢得多。

同时，新理论在一开始与之前的理论必然存在断层现象，无法紧密地联结，在使用的过程中也会增加不便，所以，建议本丛书的读者能够学习网站（haowel.com）上的内容。在使用品类理论时，若有疑问也可以向网站客服人员咨询。而在阅读方面，我个人建议，读者可以放慢对本丛书的阅读速度，这样会更有利于吸收。

尚未公开的品类理论及对应理论工具可能让竞争态势更加残酷，同时为了避免管理者剑走偏锋，本丛书暂不分享相关内容。

无论在哪个国家，中小型企业皆位于竞争中的底层，它们虽然有数量优势，精力旺盛，个体战斗力极强，但由于接触不到顶尖技术，且对于比较专业的竞争理论、品类理论、品牌理论了解不多，所以缺点也很明显。因为不了解这些知识理论，在竞争的号角响起之后，它们往往无力参与竞争，只能被动挨打。

现代战争要获得胜利，并不依靠人海战术，更不依靠低级武器。运用高尖端武器，集中力量摧毁敌方的军事基地，这才是获胜的关键。

高尖端武器杀伤力强、杀伤范围大、毁灭性高，所以价格高昂，远不是一般小国家能购买的，而制造这些武器的国家也会获取垄断性的利润。

商业竞争同样如此，现代的品类竞争，并不依靠低廉的成本，而是运用高尖端的品类理论、竞争理论，集中力量“摧毁”竞争对手的核心产品。

有着清晰定位的品牌往往能够轻易地在一群品牌中脱颖而出，而品牌的差异化往往能引起顾客的兴趣并产生热点话题。

而同质化的品牌，就如同一些小国家，它们没有高尖端武器，也没有军事基地，所以在面对战争时，只能狂轰滥炸造成不必要的伤亡，作战者（销售人员）苦不堪言。

企业在商业竞争中需要建立强大的防御壁垒，主要用于应对竞争中的进攻。在防御壁垒内，同质化品牌很难进入，而对品类有贡献的差异化品牌可以参与进来共同发展。

同质化品牌一是不具备建设防御壁垒的实力，二是根本不愿花时间这样做，觉得太麻烦了。所以在持有高尖端武器的进攻者面前，同质化的品牌可以说只能被一次性歼灭，进攻者不需要花费太多代价就能够获胜。

我相信尚未建立起防御壁垒的管理者中，有一部分想将品类发展壮大并做得更好，也有一部分想打造一个属于自己的强势品牌，并让品牌作为自己参与品类竞争的基本单位，在品类中进行探索。这些都是非常好的想法，如果我们无法在战场上建功立业，那么是否可以好好经营，打造一个自己的商业大国？

每个拥有梦想的管理者，都想要打造一个属于自己的百年品牌，而本丛书的写作就是为了介绍相关的知识和经验，帮助这些管理者早日实现自己的梦想。

至于怎么发展，如何在市场中脱颖而出，我会在本丛书中展开条理清晰的论述，让企业管理者在实战中形成强大的力量。

我在闽南地区工作，主要的工作地点在厦门，所以对福建一带的产业、人文较为熟悉，这里的人和文化对我影响深刻。近几年，我越来越发现，这里的企业管理者喜爱切磋、热衷拼搏、敢于争先，无论男女，身上都有一股劲儿。这股劲儿不是倔、扭，而是带着韧性、智慧还有胆大心细。

虽然大企业占比较低，但这丝毫不影响这个地区的发展，来过泉州和厦门的管理者，一定会发现“地下看西安，地上看泉州”及“锁钥东南胡里山，百年坚守厦门关”所具有的深刻含义。似乎这里的品牌总有着一种超前的意识，它们能仅凭一些小群体，就在一个品类中做到“数一数二”。

这也可能跟当地的文化有关。在我看来，该地区的企业管理者与咨询业间的关系不只是商业合作那么简单，更像刘备与诸葛亮、曹操与荀彧间的关系，在共同成就事业的同时，还能成为好朋友，而这种感情，是利益无法衡量的。

企业管理者遇到困难不必闷头自己解决，不必拒绝寻求专家的帮助，借助有效的力量尽快实现目标才是最有效的方式。

尚未找到专家来帮助自己的管理者，如同在危险的丛林中孤身作战，没有向导的帮助、地图的指示是很难达到终点的。作为企业的顾问，我认为咨询业有其社会责任和使命，那就是助力企业不断发展。

企业要脱离同质化发展模式，要强化品牌，当然不是一朝一夕能够完成的，在关键节点上必然离不开咨询业的帮助。但目前咨询业的一个突出问题是，收费实在是太高了。在我看来，理论虽然有效，但费用往往是中小企业无法承担的。

当意识到这个问题时，我在我的网站中设立了为中小企业免费诊断的窗口，及时为中小企业管理者提供帮助，而在费用上做到的是——能少就少。

我带着最朴素的善意，站在对方的角度考虑：对方确实遇到麻烦了，没有遇到麻烦怎么会来找我呢？

而往往我付出一分钟的时间，就能为对方解决困扰企业许久的问题。

究其原因，还是在于目前市面上暂未有比较适合中小型企业发展的咨询公司，这导致中小型企业管理者只能孤军奋战，独自承受企业生存发展的压力，即便犯错，也只能自己去买单，这是一个相当无情的现象。

我之所以喜欢厦门这个城市，是因为这里的人很友好，乐于助人。闲暇时，好朋友聚在一起玩闹，我的好朋友就会提出各种各样刁钻的问题试图考倒我，我知道他们是想看我最近有没有发现一些新知识、新工具，对此我也乐于回应。我们经常就品类问题进行交流，他们在周边城市的企业中担任不同的职位，每次过来，如果发现我又探索到了新理论，就会要求我教他们。

我是愿意相告的，但对他们也有一些要求，就是利用自己学习到的品类理论，帮助遇到经营困难的人。

这就是我写书的初衷，为管理者提供咨询服务、探索品类理论，这两者一样重要，均承载着我的“光荣与梦想”，鼓舞着我去探索更多有效的品类理论。

我希望真正站在中小型企业的角度去思考问题，并结合自己多年的咨询经历，总结出一套适合中小型企业发展的关于系统化开展新品类活动的理论体系，与管理者携手，打造出具有竞争优势的差异化品牌。如果这有益于中国未来的发展，我不会计较个人得失，但求贡献出自己的绵薄之力。

咨询行业中有人说我扰乱市场价格，我没有这个想法，而且这个说法也不对。在我看来，咨询业也是服务行业，没有人规定咨询业就只能高高在上，一些专家级别的服务人员懂那么多，但是做那么少，却依旧拿着巨额的费用，而无视那些苦苦探索的中小型企业管理者。

大家都喜欢说物以稀为贵，质疑免费诊断的价值，我通常笑笑，也不反驳。我探索到的这些品类知识如何被定义价值，我觉得大家心中有数。

关于丛书的写作，想说的还有很多。

作为一个品类研究者，我能轻松地帮助企业做好一个项目，也能条理清晰地展示项目方案，但这些和撰写著作、系统化地梳理一套适合众多管理者的理论，完全是两码事。写作确实是一个非常痛苦的过程，背后也有很多不为人知的煎熬。

已经记不清度过了多少个辗转反侧的夜晚，我对写作投入了太多的精力和热情，相信读者也能感受得到。

当然，写作过程中也很纠结，我经常会想：做项目已经够累的了，牺牲休息时间去做这件事到底能产生多大影响？中小型企业能不能用得了本丛书提供的理论，能不能真正从书中获取有价值的东西？

但是，这些困扰都逐一得到了疏解，书稿内容最初就不间断地在网站上连载，我收到了一些素不相识的用户的认可，这也逐渐让我有了更大的动力，将品类理论更用心地表达出来，呈现给所有企业管理者。

我相信本系列图书问世会有益于中小型企业与咨询业间的关系发展，同时，我也希望更多的人了解新品类，共同推动新品类咨询业的发展，最终帮助更多中小型企业发展。

目录

第 1 章 / CHAPTER ONE

新品类和品类差异化

第1节

新品类在战略层面的作用

新品类是什么，它有什么作用，这两个问题我已经在《开创新品类》等书中详细地论述过。那么，新品类对于战略的意义有多大？这是本书将要讨论的核心问题。

对于未知领域，我们或许是恐慌的、无知的，甚至是愚昧的，所以我们会以潜意识去抗拒一些确实存在的、符合发展趋势的新事物，或者不知道该以哪些合理的方式去接触新事物。我们生活在陆地上，所以只能看到陆地之广，但是显然，面积数倍于陆地的海洋，其物种更为丰富，生物链更加完善，丰富的物种能够为我们增加优质蛋白的来源。

新品类战略对于企业，就如同海洋对于还不熟悉它的人类，等待被更深入地探索和发掘。

新品类战略的存在,可以让企业在商业竞争中补足先天基因上的短板,并帮助企业脱离一些“疾病”的困扰,可谓作用极大、影响极深。

我们先了解一下什么是无品类经营者。

从字面上看,无品类经营者指的是这部分群体——在市场上,持错误的品类意识的企业。无品类经营者的最终目标大多是“短期获利”,而不是通过建立正确的竞争意识在市场上“持续获利”及“长期获利”,两者之间天差地别:以后者为目标的企业更为稳健,总能在市场上如鱼得水;而追求短期获利的企业常常陷于寸步难行的处境中,它们的产品线上充斥着各种各样不相关的,甚至相互排斥的产品,不断消耗着企业珍贵的发展资源,而企业很难找出背后的原因,也不知道如何改变。

无品类经营者很少会思考以下问题:

①自己所处的品类有哪些强势品牌?

②这些强势品牌是通过什么方法建立起来的?

③自己为何会与这些强势品牌产生差距?

④自己在所处品类中处于什么位置?

无品类经营者对于市场的不了解,似乎是与生俱来的,而且在很长一段时间里,其对所处的环境也缺乏足够的认识,甚至不知道应该在市场中做什么才能体现自己的价值。这对于企业发展是不利的,尤其是在应对一些突如其来的竞争对手攻击时,企业会显得更加彷徨无措。通常,无品类经营者在这时只有一个方法——降价,这是其应对竞争的唯一手段,在恢复以往市场份额的同时,也导致了利润的大幅度缩水。

无品类经营者在将新产品投入品类竞争时,在价格上往往没有太多的话语权。其显然不清楚这些新产品对于品类存在什么影响,是促进品类发展,还是抑制品类发展,但是这些产品的销售往往会反映大量的信息。如果新产品走的是低价路线，那么，无品类经营者只能获得一些非常具有差异化的品牌的残羹剩饭，作为自身发展的营养补充；如果新产品走的是差异化路线，则很有可能开启了一条财富之路。

显然，至今为止很多企业并不懂得如何运用“新品类结合战略”的方法，使其在品类竞争中发挥四两拨千斤的效果。这些企业不清楚这部分力量对于自身的重要性，或许是一开始就没有做好规划，导致接下来的一系列行动都处于无计划的状态中，企业茫然地在市场上游荡。这样的企业很容易被当成靶子“一次性击毙”，在危险、复杂的品类竞争中，若想获得丰富的资源，就必须学会击败不同类型的对手，并从对手那里抢夺领地。

强者的日子会过得越来越舒服，而弱者的日子一天不如一天。在走低价路线的企业眼中，那些走差异化路线的对手，产品定价比自己高出许多，但日子过得风生水起；自己的产品价格明明已经很低了，日子过得却异常拮据。所以，企业的领导者应该意识到，为了与竞争对手势均力敌，自己也应该通过建立一个“了不起的、独特的差异化”来获得更高的回报。毕竟，市场就那么大，今天你不关心市场份额，明天就有可能销售缩水，甚至是一无所获。

3C 品类是一个例子，品牌拥有者的净利润，通常可以达到制造商的 2 ~ 3 倍；服饰品类是一个例子，品牌拥有者的净利润，通常可以达到制造商的 4 ~ 6 倍；奶茶品类是一个例子，品牌拥有者的净利润，通常可以达到制造商的 5 ~ 8 倍；医药品类是一个例子，品牌拥有者的净利润，通常可以达到制造商的 10 ~ 20 倍。

不同品类的品牌所打造出来的新产品，净利润也不尽相同，尤其是一些准入门槛较高的行业，其中大品牌的获利更容易，不会有一丝犹豫就拿走了整条供应链中超过 70% 的总体净利润。

看到这些鲜活的数据时，你是否觉得难以置信，或者“欺骗自己”说这是不可能的？

我想告诉阅读本书的企业管理者，已经有许多企业通过我所提供的指导方法，获得了巨大成功，我们可以通过构建“知识深度”来提升自己在竞争中的地位，赢得客户和市场，这一切，都要从对新品类战略的谋划开始。

如果我们能够在一个新产品还未诞生时，就有一项完善的战略作为支持，当进入品类竞争的时候，新产品的推广就会特别顺利，为成功带来保障。

如何制定一项完善的战略，以后的章节会展开论述。本书与其他有关战略的图书有着较大的区别，并不单纯讨论制定战略、执行战略方面的内容，而是旨在传播对战略的新型应用，如本书会讨论“为何将开创新品类当作发展战略会成为一种绝佳发展路径”“通过开创新品类建立起一项战略，对企业意味着什么”。

看到这里，或许你会明白，本书的独特之处在于，它讲解了如何打造一个新品类，并围绕这个新品类帮助企业建立一系列的发展优势，让具有差异化的新品类带领企业发展，让企业摆脱“同质化”“低价销售”的标签，成功地转换为“开创者”“领导品牌”“联盟领袖”的新角色，并在市场中建立属于自己的商业帝国。

这对于企业而言，其实是一条必经之路。而且，有许多人早已向我证实，他们听取我的建议，通过“新品类”与“战略”的结合获得了成功。现在，我觉得这种发展模式的影响力应该更大一些，因为对于那些暂时未获得足够支持的中小企业来说，这应该是获胜的关键。

我们将从新品类入手对战略进行描述，对于大部分企业管理者而言，这是一个全新的领域，相比于其他领域，它能带来一种极致体验。你可能在书中找到一个与自己相差不多的角色，尽管这个角色会表现出颓废或者心怀遗憾，也许这正验证了你当下的处境并不乐观。

但这并不要紧，及时意识到自己的处境不妙，是有重要意义的，它能让我们迅速做出改善。我们可以自我革新，一步一步地脱离现状，向那些已经在市场中获得成功的强者学习，我们很快会成为当下的他们，正如曾经的他们与今天的我们何其相似。

在此之前，我们可以先思考这个问题：我们属于哪一类企业？

①未接触过战略；

②虽接触过战略，但暂时还没有战略；

③已经有了战略，但目前遇到了问题；

④有战略，并持续践行，获得了阶段性成功；

⑤已经尝过战略带来成功的甜头，但目前似乎找不到回去的路了。

企业对于战略的理解程度，与其未来的成就存在着密切的联系。如果企业目前在战略方面还没有任何规划，不要回避，也不要在行动上拖延，一定要坦然面对现状，以积极乐观的心态去主动改变。

我曾发起一项数据调查，结果显示："未接触过战略"的企业占比竟然高达82%；"虽接触过战略，但暂时还没有战略"的企业占比位居第二，为13%；"已经有了战略，但目前遇到了问题"的企业占比为2.4%；"有战略，并持续践行，获得了阶段性成功"的企业占比为0.4%；"已经尝过战略带来成功的甜头，但目前似乎找不到回去的路了"的企业占比为0.6%；剩余占比1.6%的企业则涉及一些更为复杂的问题。

在这项调查中，我还发现了一些关联，例如：

①"同质化""低价销售"与"未接触过战略"紧密关联，在"未接触过战略"的企业中，有95%涉及"同质化""低价销售"；

②"多元化""跨品类发展"与"虽接触过战略，但暂时还没有战略"间也存在着密切关联，"虽接触过战略，但暂时还没有战略"的企业有82%涉及"多元化""跨品类发展"；

③“已经尝过战略带来成功的甜头，但目前似乎找不到回去的路了”是“多元化”与“产品线延伸”产生的主要原因，这类企业中，有超过70% 已经失败地走向了“多元化”与“产品线延伸”，做出这一选择的企业已经有 45% 以上在五年内消失在市场之中。

我之所以把上面这些数据披露出来，就是为了让大家直观地看到，战略的缺失与经营理念的偏差会为管理者带来哪些影响，并认识到运用新产品生成一个清晰的战略的重要性。这能清晰地指挥并推动企业朝着开创新品类的方向发展，最终占领市场。在信息时代，知识所带来的不仅仅是市场份额及利润，还有企业自身的改变，为目标群体、社会所带来的积极影响。这一作用力是身处品类竞争中的企业无法忽视的。而新品类战略的实施对于企业管理者而言，是通往成功的一种绝佳路径。

第2节

对新品类战略的正确理解

父母抚养子女，尽管精心教育，也难免其日后做出错误行为，但父母不能因此而放弃教育，否则后果可能更加严重。这也是我在多年参与项目实施的过程中意识到的，明明已经多次提醒合作方规避一些商业风险，但是对方还是不顾阻拦，冒险去做。我知道，如果没有之前的多次沟通，后果可能更加严重，甚至不是看上去的这些“皮外伤”。所以，有些理论在学习一遍而感觉无效的时候，并不能就此打住，而是应该更有耐心地潜心研究，才能在运用中获得新的突破。

我们也可以对当下的新产品进行未来的定义，这完全取决于管理者思维上的前瞻性，你看到的是“一个新品类的机会”还是“一小块新产品市场”，这是完全不同的眼界。不同的眼界会引导你朝着正确或错误的方向前行。我曾经遇到过一些管理者，明明持有许多好产品，却因为不敢拼搏、不愿拼搏，最终丧失了市场先机，在犹豫中处处受挫，被打上失败者的标签。

一个成功的新产品，若能应用正确的品类理论，是极有可能发展成为一个强大、完善的既有品类的。其间会诞生无数的新产品、数以百计的品牌，虽然这些品牌大部分是问题品牌、运气品牌、潮流品牌、定位不明品牌、伪装品牌、占位品牌，甚至是捞金品牌，却不会影响这个已经建立起来的强势品类，因为品类环境也如同生物圈一样，其中每个品牌所扮演的角色也是不尽相同的，有些依低价而生，有些投机取巧，有些研究钻空位，而有些以专业化生存，这才是品类竞争所带来的丰富性，其中的企业有些因为经营不善而失落，也有些因为战胜对手而欢呼。所以，是想当一个品类中的头部品牌，还是只想掌握“一小块市场”，跟我们出发前的计划息息相关。

开创新品类，需要有一定的开创性思维，带领我们顺利迈过无数险关，而如果目光短浅，就看不到隐藏在深处的危机。对于新产品，我们同样需要具备颠覆性思维，因为，这能让新产品更顺利地进化为一个新品类，并让拥有该产品的企业获得更好的发展。

战略是否能产生最佳效果完全不取决于管理者个人的期望，也就是说，我们对战略的期望无论是过高，还是过低，最终都不会影响战略在被具体执行后产生的结果。

总有一些企业管理者对战略抱有过高的期望，他们希望花几万块钱，找一个咨询师，制定出一个与当前品类内的领导品牌相同的战略，就可以看到效果，甚至让咨询公司保证在一定的期限内使企业的品牌达到领导品牌的水准，这忽视了企业自身存在的那些“失衡问题”与“内在影响”。

几年前，我就曾遇到一些“战略无知”与“战略含糊”的人，他们对战略一无所知，却将所有希望寄托在专家身上。这些企业管理者把战略咨询当成一件简单的商品，而忽视了利用外部专家开展企业的自我革新所带来的极致体验。

战略的规划与实施如同企业在市场中的经营投入，其间充满了诸多不确定性，供应链的突然断裂、政策变动、品类进化等，都可能导致企业在外部市场的销售受阻。学习如何建立战略，也是企业为了应对未来风险的一种提前投资，就如同我们毕业后的二次教育一样，格外重要。我所了解的大部分企业经营者，每周的读书时间都会超过10个小时，与不读书和学习的企业经营者相比，他们的商战实力明显更强。

在提到战略的时候，一些管理者总会提到与增长挂钩、领导地位、股值提升等问题，其实，这些问题并不适于所有类型的企业进行讨论。首先，战略要与企业所处的发展阶段相匹配，否则会产生相互排斥；其次，有些企业希望实现的增长，是基于自身多元化发展的情况，这是相互矛盾的，因为在多元化发展的同时很难实现增长。

另外，有些企业限于当前的市场地位，是根本不可能占据领导地位的，如果不改变，几乎连占据领先地位的基础条件都达不到。战略与企业结合在一起之所以会引发一些失衡问题，就是因为战略的制定者与实施者没有充分考虑企业的实际情况，就草草地将一个模型生搬硬套到企业上，从而产生了“企业似乎变得更坏”或者“这个咨询师不行”“战略是骗人的”等错误的分析结论。

尤其是那些对战略制定和实施了解程度低、掌握程度低的管理者，他们的见解总会失之偏颇。而规划的美好与现实的糟糕对比过于鲜明，就有可能导致大部分企业想得太多、做得太少，对未来充满忧虑，而不是满怀信心。

其实，上述几个问题需要在企业符合一定的基础条件，并且经营者的商战水平已经达到“战略高智”后再进行讨论，因为当问题与解决问题的能力相匹配，问题的解决才会比较顺利，否则相关人员只会苦苦煎熬、深受其扰。

若我们在一开始接触战略的时候，就讨论这些问题，其实是舍本逐末的，因为这些问题在这个阶段讨论是没有意义的。在发展的过程中，管理者要获得成长，需要很长的时间去填补学习上的短板，并经历无数的小型战役。

我们的第一步应该是将战略目标定为“比现在更好”，基于这一点，如果企业具有解决问题的能力，战略就有必要诞生，企业也应该尽快开始准备。而第二步才是逐渐脱离当下的处境，让未来变得比当下更好。那么，我们怎样开展合理、有序的规划呢？答案是逐步拆解，就是把一个看上去颇为复杂的问题分解为多个步骤。

例如某些问题的解决需要面对一些冲突，意味着在解决方案中要进行取舍，否则方案是无法执行的。试图让所有的工作一步到位，是不具有可行性的，比如，砍掉一些产品线，必然导致大部分人的阻碍，但如果我们将其描述为“实现目标必经的一段路”，这会让企业变得更加轻盈，企业内部也不存在牺牲一部分人的说法，这是将企业带向了一个更为专业化的市场，待企业成功时，会让大家享有更多的分红，相信大多数人是愿意接受的。

受所在品类的影响，不同企业所处的市场环境是明显不同的。如冷冻食品品类中拥有较大市场规模的企业与手机游戏品类中拥有较大市场规模的企业，它们自身的组织架构可能完全不同，冷冻食品的销售人员需要经常带着货物走访各大市场、商超进行铺货，在人力成本上的投入非常大；而制作手机游戏的企业可能前期需要一部分研发人员，研发成功并公测之后，人员就会迅速地大幅缩减。那么，将冷冻食品品类的战略模板套入手机游戏品类的某家企业上，显然是没有任何意义的。

3 第节

品类价值与品类差异化

在市场行情差的时候，一些品类差异化价值较高的企业会比市场行情好时更凸显竞争力；而品类差异化价值较低的企业在遭遇不利的市场行情时，通常只能眼巴巴地看着自身净利润缩水。因为市场行情较差时，消费者的收入普遍降低，消费水平也会相应降低。

品类差异化价值较高的企业，虽然其产品价格会高于市场平均水平，但很明显，它们对于顾客而言拥有更多的闪光点，自然会在艰难时期得到更多的关注。那些低价销售而又缺乏闪光点的企业所生产的产品，平时就在货架上等着顾客挑选，在这个时候，其销售自然会遭遇寒冬。就好比房地产市场，当遭遇不好的市场行情时，保值的房产都是好房产。

识别具有品类差异化价值的产品与识别好房产，其基础标准是相通的，好房产的标准就是拥有最重要的价值——好的教育、好的地段、好的交通、好的物业……

一个品类如果拥有了最重要的价值，它自然会成为顾客的“高概率性购买选择”。

我曾发起一项数据分析，对 2021 年下半年的 20 个品类中的前五个品牌及1000位顾客进行调研，并发现了一种很微妙的联系：

① 在品类中差异化价值第一的品牌，面市时会引起88%的顾客注意；

② 在品类中差异化价值第二的品牌，面市时会引起52%的顾客注意；

③ 在品类中差异化价值第三的品牌，面市时会引起33%的顾客注意；

④ 在品类中差异化价值第四的品牌，面市时会引起21%的顾客注意；

⑤ 在品类中差异化价值第五的品牌，面市时会引起7%的顾客注意。

数据的差距会随着品类价值与差异化的排名而不断放大，在同一个品类中，差异化价值排名第一和第五的品牌之间，已经形成无法轻易跨越的一条鸿沟了，尤其是当后者“在别人的球场上打球，必须遵守对方的规定”时。

这些数据也直接验证了我的猜想，在品类中差异化价值第一的品牌往往占据着品类中最佳的利益点，是顾客一眼就能识别出来的，而排名越靠后的品牌，市场空间越小。排名在第三及以后的品牌，很少会去寻找自身处于劣势的原因，往往满足于现实，不想自我突破。

这也是我重点阐述新产品与新品类之间区别的主要原因。如果企业只是简单地将自己做的事情定位为开发新产品，其品牌不免只能落在既有品类中第四、第五的位置，而享受到的关注度也远远不及头部品牌。排名略靠后对于许多企业而言似乎是一个不错的结局了，却并不是一个最佳的结局，因为“受限于人”与“牵制他人”存在着本质的区别。如果要大展商业宏图，第一步就必须要获取“自由身”，否则就是为所在品类内的其他品牌作嫁衣。今天，我们要讨论的是如何通过品类知识来收获更大的经济成果，只有这样，才能带动国内新品类的迅速发展，才有利于中国企业走向国际。

若我们能运用品类理论对自己的新产品进行完善，在一些专家的协助下，成功地开创一个新品类，这就相当于我们自己建造了一个球场，邀请其他竞争对手进来打球，我们不仅是球场上的球员，还有另外一个身份——裁判，也就是说，在品类竞争的环境中，我们有了更多的话语权。

上述的数据一经披露，就迅速地被应用到了品类联盟之中，并成为目前已经建立起来的品类联盟发展中的重要参考。许多联盟并不想太多地受到头部品牌、主要竞争对手的密切关注，因此它们会暗中行动。但据我的调查研究，很多品类联盟在建立后的一年内，让超过七成的联盟成员实现了在销售上超过 40% 的增长。而且，这种“闷声发大财”的行为，也比较符合有效品类理论在市场中逐步深入的理念。

识别与占据某个品类的差异化价值，二者之间存在着本质上的区别。

对于识别一些品类的差异化价值，我的团队有着丰富的经验，仅仅需要数个小时就能轻松地找到某一个品类中最有价值的差异化。但对于企业来说，占据某一种差异化价值却是更富有挑战性的，并不是因为在资源上受到了限制，而是由于品类中充斥着噪声。所有人都在描述、宣传的差异化价值几乎是很难被一个品牌成功占据的，除非在此之前该品牌就已经先入为主，成为该品类的开创者。

凭一家企业之力很难应对品类中的噪声，但如果在开创新品类时，能尽快创建起一个品类联盟，就可以形成一道强有力的防御壁垒，应对那些可能在未来产生的致命问题。这些致命问题如果一开始不被重视，后期就有可能造成无法挽回的损失。

这种致命问题会影响我们顺利进行品类差异化价值的传承，对于一些比较大的品类尤其如此，例如护肤品品类中的差异化价值通常为：补水；保湿；去痘；去斑；美白；收缩毛孔；抗衰；抗氧化；适合敏感肌；控油；紧致；修复；滋润；维稳；镇定；抗皱；安全；抗糖化；疏通毛孔；长效锁水；强韧肌肤；屏障；增厚角质；舒缓；提亮；去暗沉；去黄；无添加。

我们是否可以从哪个品牌上看到，其已经成功占据或顺利传承了护肤品品类中的第一及第二差异化价值——补水和保湿？并没有，而且很有可能，在未来的几十年里也不会看到。所以在护肤品这个大品类中，差异化价值长期处于一种状态——公有状态，或者说是空缺状态，这也被我称为空缺价值。我们随意打开一个购物网站搜索护肤品，就可以发现，几乎每个品牌都在宣传自己的补水和保湿功能。

虽然从品类理论的角度来说，它们显然是两个不同的差异化价值，拆分开其实对于完善该品类的价值有着极大的帮助，但是我们能看到，在一个已经比较成熟的大品类中，到目前为止，所有的品牌都是“贪多”的姿态，文案很相似，但每个品牌都无法清晰地将补水和保湿区分清楚。

这也导致在护肤品品类中，补水和保湿这两个品类价值，无论是国际品牌，还是国内知名品牌，抑或是名不见经传的品牌，谁都可以用。但是哪怕是顶级品牌，也无法代表这两个品类价值中的任意一个，因为它们没有任何证据证明这一差异化价值与自身是紧密地关联在一起的，顾客也无法明确，一个什么都宣传的品牌，它到底想要做什么。

反观那些排名较靠后的品类价值，却被一些专家型品牌成功地占据着，如：丽普司肽（去痘）；科颜氏（去斑）；OLAY（美白）；城野医生（收缩毛孔）；雅诗兰黛（抗衰）；伊索（抗氧化）；理肤泉（敏感肌）；吾诺（控油）；雅顿（紧致）；海蓝之谜（修复）；赫莲娜（滋润）；薇诺娜（维稳）；蒂佳婷（镇定）；兰蔻（抗皱）；雅漾（安全）；珀莱雅（抗糖化）；御泥坊（疏通毛孔）；碧欧泉（长效锁水）；米蓓尔（屏障）；敷尔佳（舒缓）；SK-II（提亮）；雪花秀（去暗沉）；后（去黄）；芳珂（无添加）。

这是2022年6月我以3000名顾客为样本调研出来的结果，显示这些品牌已经与对应的品类价值紧紧关联在一起，形成占据品类价值的护肤品品牌榜单。值得说明的是，在调研的过程中，被调研人员在听到某一品类价值时，几乎是立刻想到了对应品牌，而不是经过思考，这意味着该品类价值与对应品牌的关联已经牢固地建立在顾客的认知中。

有一些未上榜的品牌曾与对应的品类价值相关，但没有将这种关联传承下来，如片仔癀其实也属于具有去黄功能的品牌，但它后来转而宣传淡斑。欧莱雅既做男士护肤品，又做女士护肤品，还经营着洗护产品，在产品线上又有抗初老的小黑瓶与安瓶补水面膜，这导致它成为一个通才型品牌。所以一些品牌没有上榜，背后是有原因的。而上榜品牌的产品不一定多么出色，仔细观察可以发现，它们的产品线其实也很杂，不过对比一些没有上榜的品牌还是好很多。

可见，强大如护肤品品类，也充斥着大量的通才型品牌，它们的路线基本是这样的：占据某一个品类价值多年后，赚取了足够的净利润，就开始发展其他品类，再过一段时间，会遭遇在其他品类市场中的频频失利，于是想回到老市场中保持以往的盈利，或透支品牌，却发现已经行不通了，最终被后来加入进来的品牌抢走自己赖以生存的品类价值。商业竞争中总会有许多品牌将野心扩大到其他品类之中，并在股东无法发现的时候，用通过盈利品类赚取的利润去贴补不具备优势的品类所造成的亏损，最终面临失败，这几乎是每天都在发生的事情。因为经过一段时间的分心经营，品牌没有给予主营品类足够的关注，导致技术、营销等方面的投入没有跟上品类的发展，最终被所在品类赶出了核心区域，逐渐变成边缘化的品牌。

薇诺娜是一个专业化程度较高的品牌，它通过几年时间的不断努力，抢占了雅漾、理肤泉以及薇姿的部分市场。其实，十几年前的护肤品市场体系还有待完善，新品牌如果比之前的品牌更专业，就会产生供小于需的局面。像现在的“维稳”“安全”“无添加”在当时都属于“适合敏感肌”的范畴。

随着品类规则不断地被竞争所完善，顾客也越来越挑剔，同时随着国内品牌的专业化程度的提升以及技术上的突破，一些涵盖多种品类价值又不具有专业化水平的高价位品牌会被淘汰。也就是说，当人们已经不再满足于现有品牌所提供的产品及服务，品类竞争中很自然地就会诞生出更加专业化的品牌。

当初的护肤品品类中，雅漾开创“适合敏感肌”这一品类价值的市场，并牢牢地占据了“适合敏感肌”类护肤品的大部分市场份额。

在2015年之前的巅峰时期，雅漾、薇姿、理肤泉三大外资品牌在国内皮肤学级护肤品市场上，市场占有率几乎达到60%，三大品牌联手，在“适合敏感肌”护肤品市场中占据着绝对主导地位，而那时候薇诺娜的市场占有率不足7%。

后来，这三家企业产品线升级太慢，且缺乏在线上营销上的投入。雅漾试图在品类价值上做文章，用“适合敏感肌”涵盖更多的市场，后来这一品类价值被理肤泉抢占。而理肤泉与薇姿这两个品牌同属于欧莱雅集团，其产品线与欧莱雅本身的品牌产生了功能性冲突，因此在资源上受到牵制，原本应该投入这两个品牌的资源却被用到了欧莱雅这个通才型品牌上，所以我们才看到现在这两个品牌的影响力也逐渐不如以往。

雅漾在宣传“补水”“保湿”“舒缓”“特护”“滋养”等品类价值的同时，还宣传自己“敏感肌肤护理专家”的定位。这几种品类价值与品牌定位几乎是相悖的，而且也稀释了雅漾自身的“黄金招牌”价值。

反观薇诺娜，现在牢牢地占据“维稳”这一品类价值，其品牌宣传语也体现了“打造中国皮肤健康生态”，这些内容相辅相成，很自然地形成了新品类战略。

在此我们能得出一个结论：在市场上，提供专业化服务的品牌很少会轻易倒下，倒下的永远是那些什么服务都提供、什么事情都想做的通才型品牌。

薇诺娜的成功代表着国内护肤品品牌最近几年的崛起，这与其具有的医美基因有很重要的关联。薇诺娜一开始就让一些医院的皮肤科医生为其提供信任状，并因此与患者建立了联系，在患者使用完产品之后，薇诺娜鼓励其参与分享治疗体验，帮助更多的人恢复健康肌肤的公益活动，迅速获得了许多患者的信任，也获得一些非患者目标群体的关注。而“适合敏感肌”的品类价值，也让薇诺娜的许多兼做医美护肤品的竞争品牌无法下定决心与其竞争，这导致薇诺娜几乎没有遇到什么竞争对手。在薇诺娜的发展历程中，它几乎没有受到什么阻碍，就顺利接下了雅漾、理肤泉、薇姿等品牌曾经创建的一部分市场。

2019 年，薇诺娜凭借“适合敏感肌”的品类价值，成为药妆品类中的领导品牌。更为精彩的是 2021 年，薇诺娜的母公司贝泰妮直接带领薇诺娜冲入资本市场，品牌估值一路飞跃。可见，占据一个品类价值，就相当于站上了品类中的巅峰。

唯一的美中不足是薇诺娜不像耐克（打钩）、奔驰（三叉星辉）、宝马（蓝天白云）、LV（格子图案）、慕思（睿智老者）一样拥有视觉锤，而视觉锤的作用其实是异常强大的（参考本系列丛书中的相关内容）。比如现在见到娃哈哈饮料时，我会立刻打开瓶子享用，因为看到包装上熟悉的头像，我马上想到了小时候它曾带给我的美好体验，这个图像与包装内的东西是息息相关的。

视觉锤就是这样具有魔力，当我们看到某一品牌的图像时，就很容易联想到对应品牌，而越简单、独特、好记的图像，与品牌的关联就越紧密。制定视觉锤的目的，是完善品牌自身所代表的品类价值，使消费者在看到图像的时候，就能第一时间联想到对应的品牌，并联想到对应的品类价值，这在提升品牌关注度的同时，还给品牌带来了长久的传播力量。

暂时未被占据的品类价值，其实就是一些现有品牌、后期进入品牌继续努力的最好机会。同时，品牌未上榜不代表品牌的市场占有率低，仅仅说明它们暂未与某一品类价值关联在一起，无法让顾客在需要某一品类价值时联想起来，在顾客心目中，它们是通才型品牌，几乎什么都做。这些品牌在产品线上也没有明确的区分，如定价几十元和几百元的产品都有，品牌没有明确的定位。如果你想验证一下，现在就可以进入电商平台，搜索这些没有上榜的品牌，看看它们是否什么都在做，是否将同样的文案用在不同的产品上来宣传，并试图吸引所有的顾客。这种做法带来的结果，自然是顾客不为之所动，更谈不上为之买单了。

因为对顾客而言，这些品牌过于复杂，不够专业，根本不懂得如何拥有精髓，只知道制造一堆产品放在货架上，至于销量，管理层不敢保证，研发人员也不关心，销售人员也就很难推动了。现在的顾客越来越聪明，也越来越挑剔，尤其是面对一些宣传自身高端、功能强大的产品，精明的顾客最关注的还是其是否符合自己的品味和产品价值观。

第4节

新品类价值与差异化的发掘

当下的很多消费者是非常具有品位、消费能力与独特见解的，这与他们的文化水平、工作环境和收入有着直接关系。如果我们不能正确地认识这类消费者，而以低价销售来吸引他们，会给品牌带来灾难。因为，目标群体是根据品牌“单一的”定位进行选择，企业自然不能以不同价位的产品线来应对。

目前的护肤品品类市场中，现存的还有“强韧肌肤”与“增厚角质”的品类价值，暂时未被哪一个品牌所占据，虽然相应的市场前景广阔，但好像暂时没有什么人发现它们。而且我发现，这两种品类价值现在也逐步沦落为类似“补水”“保湿”的公有状态了，如果这种状态持续下去，其未来发展必然受到极大的阻碍。

就“强韧肌肤”的品类价值来说，强韧肌肤为良好的皮肤状态打基础，拥有一个好的皮肤基础，是女士乃至职场男士所追求的，拥有了强韧肌肤，就会改变暗沉、痘印等亚健康面容，这反映的是一种全新的养肤理念，具有颠覆性。

这种还未被占据的品类价值，暂时还没有哪个实力强大的品牌愿意放弃自己的多元化经营路线，为其专心投入，这也导致涉及这两个品类价值的市场中，充斥着形形色色的通才型品牌。大家似乎意识不到这“两块肥肉”因为保存不当，营养正在逐步流失，而已经发现新大陆的头部品牌又无法说服董事会，让企业下定决心建立一个独立的品牌来专心经营这两种品类价值的市场。所以有价值的事情就这样被搁置一旁，在护肤品市场中，所有人不知疲惫地不断“研发”进而“抢夺”，将新产品开发出来之后，又将其投放到旧市场中，乐此不疲地进行着“送人头”游戏。

不知道是否会有一匹黑马像薇诺娜一样，勇于成为国内品牌发展的另一个好榜样，为中国经济发展贡献一些力量。本书出版之后，护肤品品类市场中应该又会产生新的发展思路和新的商业争夺。很明显，相应的两块市场是比较容易占领的，因为目前的市场没有任何的壁垒，也没有品类联盟的守护，但市场的发展潜力丝毫不会弱于目前薇诺娜所占据的“适合敏感肌”市场。

一个新市场的出现，必然会在沉寂已久的护肤品品类中引起热烈的争论，并引来大量的企业加入，该品类价值的市场容量将迅速扩充。

我们不仅可以依托已经产生的空位去建立对应品类价值的品牌，还可以结合更多的方法，创造出更多符合企业当下情况的品类价值，如：

① 依托“美白”的品类价值，还可以建立一个“微美白”的市场；

② 依托“控油”的品类价值，还可以建立一个“10 秒控油”的市场；

③ 依托“紧致”的品类价值，还可以建立一个“局部紧致”的市场；

④ 依托“屏障”的品类价值，还可以建立一个“针对油性”的市场；

⑤ 依托“抗氧化”的品类价值，还可以建立一个“轻抗氧化”的市场。

同时，我们还可以从不同的维度对皮肤进行 1 ~ 10 分的评级，如从油性的维度来说：1 ~ 3 分是轻度油性；4 ~ 7 分是中度油性；8 ~ 10 分是重度油性。

目前市场上的很多品牌只是根据简单的皮肤类型分类来定位自己的产品，如“油性皮肤可用”或“混合性皮肤可用”。如果我们对皮肤类型进行细分，并据此来定位和宣传产品，会更利于展现专业性。品牌可以根据消费者的皮肤类型及对应分数推荐护肤产品，如：肌肤属于中度油性的顾客不能使用适合轻度油性皮肤的产品，否则会引起毛孔堵塞，造成肌肤状态越来越差；而肌肤属于轻度油性的顾客也不能使用适合轻度油性皮肤的产品，否则会引起水油失衡。

企业若想让经营变得更加轻松，并持续在既有业务的基础上获得突破，就完全有必要对竞争的态势多一些理解，在该下功夫的地方周全地规划，因为有些关键工作被忽略可能导致功亏一篑。

很多时候，企业需要依靠外部的力量来思考如何依据品类竞争的现状，制定出一系列有效的品类开创方案，这样才能产生可应用于外部市场的清晰的执行决策。归纳并总结竞争所产生的一些问题，能让我们看到问题最终的“矛头指向”，这里就是创造品类价值与差异化的地方。当然，有时候针对已经被解决的问题，通过反向思考，也会产生意想不到的收获。

模糊的分类、解释很容易让人感到困扰，而且消费者会有这样的疑问——这个品牌不是做抗衰产品的吗？怎么又生产控油类产品了？也就是对品牌的专业性产生怀疑。进行评分是为了确保顾客在参与皮肤测试后能有效地与品牌建立起连接，产生信任感，为后期品牌所提供的服务做好铺垫。

至于如何测试，我的建议是利用所在平台的物流服务，将皮肤测试的器具邮寄到顾客手中，让他们了解自己皮肤当前的状态；也可以将目前的状况与使用产品后的状况做对比，并持续与品牌保持联系。对于皮肤测试产生的费用，我们可以将其理解为免费获客的成本，那么成本应该归到哪个环节呢？我觉得可以算进后期的产品售价，从中扣除产生的毛利润。

品类价值的挖掘、创造有许多方法可以使用，如上面提到的根据顾客皮肤类型来推荐匹配的产品，同样，我们也可以通过展示成分来表明护肤品的功效，并对当前过于宽泛的品类价值进行分化，专门在特定的、有潜力的市场中建立起强势品牌。对于护肤品品类来说，可以展示的成分如：肌肽、虾青素、富勒烯、谷胱甘肽、益生菌、传明酸、谷氨酸、透明质酸、AHA/BHA、神经酰胺。

随着生活方式的改变，人们的肌肤也面临衰老、亚健康等问题，消费者迫切地想要改善肌肤的状况，想通过年轻、健康的容颜告诉周边的人，他们很幸福，身体状态也很好。同时，在经济收入达到一定水平之后，人们自然产生了更多的消费需求，并越来越看重消费过程中的体验。

顾客有肌肤抗衰的需求时，首先会去找那些日化线产品中主打抗衰的品牌，因为其在下沉市场中，定价更适合大众消费群体，一般也能与顾客快速、直接地建立起联系。所以，这是一些肌肤状态不算特别糟糕的人的最佳选择；但对于那些肌肤状态更加糟糕的人而言，这只是一种试错成本。因为我们知道，日化线、院线、轻医美、微整、整形在效果上几乎天差地别，当然，不同类型的产品也对应着不同的消费能力。

当这部分日化线品牌无法满足这些顾客的需求时，他们有理由选择更为专业的品牌，他们会花更多的时间、价格去寻找那些体验良好、功效绝佳的品牌，因为在他们看来，这些产品更高级，使用之后皮肤更年轻。

没有人会在有选择的情况下不去选择更专业的好产品，这就给品类价值留下了有待发展的充足空间。如果某一品牌已经在对应产品领域中成为专家型品牌，其散发出来的光芒是充满魔力的，那些更具有消费能力的人似乎发现了一个新大陆，他们会把该品牌与自己日后的肌肤改善直接关联起来，虽然有时这只是一种暗示、幻想。

如果日化线产品所添加的葡萄籽无法解决消费升级的问题，人们很有可能在心智中将其归为入门级产品。而虾青素作为护肤品消费领域的新事物，给人们的感觉是“更高级”。这时候，成分就战胜了已经存在许久的既有品类价值，成功地在顾客认知中造就了一个新品类，而非单纯的一款新产品。

虾青素可以帮助我们抵抗肌肤衰老，容易获得顾客的信任。既有的抗衰品牌没有有效的添加量，因此它们只是日化线品牌，而不是院线品牌。这也是许多院线品牌转而将企业带至纵深一体化发展方向的主要原因，因为这让它们直接省去了美容院作为丙方的环节，与顾客产生了更直接的联系。

通常来讲，一种专门做含有虾青素的产品的品牌比综合性品牌更能有效地吸引顾客，因此也就更具有竞争力。

当下许多人面临环境污染、自身抵抗力下降等因素带来的皮肤衰老问题，也认同使用含有抗氧化成分的产品可以解决问题。如何选择品类价值，把自己打造成专业化的品牌，答案已经告诉大家了，大家遵循书中的方法逐步实践就可以了。

对于快速地寻找品类价值，我还为企业管理者提供了另外一种方法。

我们知道，用护肤品改善肌肤状态，渗透性很重要，有效的渗透是让护肤品发挥效用的前提，否则成分的有效性就无从谈起。市场中虽然有许多大品牌号称蕴含某种神奇成分，如蓝铜胜肽，但实际的有效渗透性，我们是不得而知的。如果渗透性较弱，那么再昂贵的成分也无法带来改善肌肤的效果。

于是，我们需要对此价值品类（渗透性）进行数据上的分析，并形成一个标准，为建立起顾客对品牌的信任迈出第一步。品牌必须阐述清楚以下三个问题：为何此类成分能被肌肤吸收？所宣传的渗透性水平是否有实验数据支撑？肌肤吸收后为何会改善状态？这三个问题都阐释清楚了，才有机会在渗透性这个品类价值对应的市场中建立起一个具有差异化的新品类——渗透型品类。

品牌若想让消费者相信渗透性与肌肤改善之间的紧密关联，就一定要有效地宣传此类知识，最佳的方法是有科学数据或者第三方权威机构作为支撑。比如，品牌必须明确购买哪款产品能有效地对表皮层进行功能性修复，为何是表皮层，而不是真皮层与皮下层，并进行详细的阐述。

大家应该很清楚，日化线产品只是普通护肤品，通常不具备太多的功效，而具有特殊功效的实际上是特殊化妆品及器械用品。如果我们把日化线产品说得天花乱坠，顾客最终买回去，等待我们的也只是无尽的投诉，这不应该是合法经营者该做的事情。

若想在专业化的市场中生存下去，诚实守信的原则是必须要坚守的，一旦伤害到顾客，等待我们的将是失去信任之后的一无所有。

虽然在科技发达的今天，我们已经有许多办法让产品针对肌肤的表皮层进行护理，但关于吸收率还没有十分明确的研究结论。护肤品品牌所宣传的渗透性其实与吸收率有着直接的关系。

厚度为 0.07 ~ 1.2 毫米的表皮层，不同的成分虽然都能渗透进入，但关于其渗透性的高低，却没有明确的数据，也缺乏相应的标准。你能相信人的皮肤对肌肽和虾青素的吸收率是一样的吗？这就如同食用不同的蔬菜时，人体对每种蔬菜营养的吸收率不尽相同，更何况护肤品只是涂抹在皮肤表层，而不是被人体通过食用从而消化和吸收呢？

售价同样是 100 元的护肤品，如果第一款渗透率为 30%，而第二款渗透率为 60%，那么对于顾客而言，后者的售价只有前者的一半，而前者的售价其实相当于后者的两倍之多！

品牌当然不能对产品的描述进行“随意填空”，因为每款产品的基础数据不是依靠营销端的统一模板建立起来的。坐在电脑前草率地编写产品文案是导致品牌无法获得顾客信任的主要原因。对产品进行描述要建立在科学的标准和可靠的数据基础上，通常这一标准与数据是由成分研发人员在测试产品时得出的结论。

那么，我们是否可以根据不同的成分，采用相同的方法建立一个“真皮层渗透率品类”，并为品类差异化带来足够高的溢价权，从而建立一个又一个强势品牌。这样在确保有足够稳定的生意的同时，也改变了低价销售、多元化发展所带来的负面效应。

真皮层状态的改善代表着从根本上解决皮肤问题，这启发我们去思考全新的品类，而且很明显，改善真皮层状态的品类，目前很难遇到竞争对手的阻挡，可以很容易地收获大量市场份额。

这是我对自己多年来有关护肤品品类的经历与思考的总结，虽然内容不是很多，但是已经清楚地阐明了许多种寻找品类价值的方法与建立品牌的机会。对于还存在空位的领域，希望管理者能够好好把握，开启一个高利润的专业化市场。

在新品类的世界里，既有技术会被革命性技术取代，曾经的颠覆性概念也会逐渐老去，变成过时概念。这如同重置系统一般，会将历史数据格式化得干干净净，而腾出足够的位置给新进入者。品类竞争就是一场竞赛，起步时大家差别不大，随着耐力的逐渐消耗，有些选手会感到吃力，放慢奔跑速度；而体力较好的选手因为赛前有一些训练，在比赛时又有教练指导，强化了身体所应具备的协调性、适应性，这时候差距就显现出来了。随着场上观众的呐喊，继续在赛道上奔跑的选手也将成本控制得更低，进而获得充足的利润。

如果目前的工作是我们所擅长的，就将擅长的事情做好；若我们深知自己不擅长，就应该去寻找擅长的人。不要试图将解决问题的过程复杂化，因为只有简单才能爆发出力量。

许多产品宣传得很好，顾客即便细心挑选，也难保不被一些过于“精明”的品牌欺骗。我在选购洗面奶的时候，曾经搜索到某一品牌的自发泡洁面慕斯。它宣传自己具有清爽、保湿、控油、收缩毛孔、净油除螨、平衡肌肤、氨基酸配方、温和、快速补水、焕活肌肤、御初老、水嫩光泽等数个品类价值。由于缺乏经验，我购买了该产品，结果收到之后体验十分不好。

对于一款功效性比较强的产品，消费者应该提高警惕，尤其是一款适合油性皮肤、干性皮肤、混合性皮肤、敏感肌肤，甚至适合孕妇的产品，更应该打起十二分的精神去看清它，或者直接避开。因为市场上根本不存在这种通用产品，唯一的可能就是其无惧广告法，对产品进行了虚假描述。

如果顾客不属于我们的目标群体，我们也应该鼓起勇气主动解释：“这款产品可能并不适合您，建议您进行测试，如何结果表明适合您，您再考虑购买。”当然，很多人抵挡不住利润的诱惑，也没有勇气否定自己的产品在哪个方面不够成功，就导致每一款产品都处于“什么都好”的状态，却没有在哪一点上做到最好。

我在多年的咨询经历中，做过多项数据调研，一些数据表明：提供售后服务的品牌与未提供售后服务的品牌之间，在顾客满意度方面存在着巨大差距。这导致有的品牌始终保持成功，而大部分品牌突然间损失了许多顾客，被迫离开了核心区域，却不知道发生了什么。

向顾客推荐适合他们的产品，拒绝向他们销售不适合他们的产品，这有利于品牌精准地将产品带给目标顾客，在提高销量的同时，还可以提高货物的周转率，减少可能出现的售后投诉。

品牌专注于打造适合油性皮肤的产品，开发一个对应的市场，针对油性皮肤中细分的某一类进行新品类研发，无疑会比生产一款适合“综合油性皮肤”的产品更容易吸引目标顾客。我们知道，适合油性皮肤的产品，对于干性皮肤、混合性皮肤而言，必然是不适用的，如果哪个品牌宣传自己的产品所有皮肤都适用，这必定是品牌想要吸引所有顾客进入“圈套”的一种欺骗性说辞。

如果品牌在产品宣传中指出，某种成分的添加有助于对应评分的顾客的肌肤状态改善，这是长期科学测试得出来的结论，且在若干试用案例之中，并没有产生不良反应的情况，这些都是非常好的信任状，有助于增强顾客的信心。当然，如果品牌能提供一些专利技术来支撑对应产品的宣传，那就更好了，因为这能让品牌快速起飞。

本系列丛书中关于品类联盟的章节提到过，品类联盟中存在技术共享，或者联盟成员支付较少的费用（可能是自主研发费用的几十分之一）就能直接获取这种专利技术，进而根据市场的需求进行产品开发和生产。品类联盟中的技术共享，是最为直接有效的方式，它能够大大缩短新品类的研发周期，而且几乎不需要付出什么代价。

对顾客的皮肤有充分的了解，再销售产品，这样的品牌给顾客以负责任的印象，因为其不是为了推销而推销，而是根据实际情况来提供服务。如果测试结果表明产品与顾客的皮肤特点不匹配，那么品牌应立即告知顾客，产品可能没有效果或存在风险。顾客对这种诚恳的态度会产生好感，从而主动担任起传播者的角色。

因为定制化程度高，这一品类价值及对应的品牌在为目标群体提供新产品的同时形成了强效的差异化。看看薇诺娜现在的市值，我们就有理由相信，品类竞争的赢家必定是专业化程度高、品类价值明显的品牌，而通才型品牌运气就没那么好了。

无论是抢夺品类价值，还是建立品类价值，有计划地、正确地迈出第一步尤为重要。企业应该尽可能地在内部集思广益，并将收集起来的有效依据尽早公开，在这个基础上与所有成员进行充分沟通，耐心地向大家解释清楚新品类战略对于企业的未来具有哪些重要的意义，是否会让大家未来的生活得到足够的改善。

这能让所有成员感觉到自己是被重视的，于是能轻松愉悦地接受改变，并共同努力实现新的目标。在这个基础上，大家也更加乐于传播即将实施的战略，他们对于组织者心怀认同感，团队更有士气。同时，这也给了大家一个展望未来的机会，因为每个人都会在意自己未来的收入有多少，会有多少发展空间，而这一切都与企业是选择精耕细作，还是选择粗制滥造有直接的关系。

如果你不知道如何开展战略方面的工作，就应该增加自己在该领域的知识量，但短期学习没法解决问题，因为获得知识和提升能力是非常缓慢的，欲速则不达。所以，最佳的方法就是逐步改善，最好是有一个老师在旁边细心指导，这样比自学会快许多，而日常经营中遇到的一些问题，又可以让我们把学到的知识用起来，增强动手实践能力。

我也是十几年间持续学习有关战略的理论并参与实践（每天 7 ~ 8 个小时的学习时间），才有了这样的问题解决能力。但现实中，多数企业管理者是不可能拿出这么多时间去学习的。同时，管理者将太多的时间用于学习，也不利于企业的发展，企业中的其他成员也不可能等着一个了不起的英雄缓慢成长。

所以，这也是我经常对企业管理者提出的忠告："如果你打算在三年后启动一项工作，而这项工作对于未来五年的发展意义重大，那么最佳的准备时间其实是——现在。"

企业的最高层管理者绝对有义务承担起带领企业发展的责任，着手规划就成了迫在眉睫的事。在将来可能遇到的战役中增加一分胜算，是现在需要创建新品类的主要原因，因为只有新品类带来的高溢价才能使企业在销售出去一件产品的时候，获取远高于其他竞争对手的利润。

如果竞争对手的产品销售得非常好，而我们的产品市场表现不佳，销售人员总会第一时间把目光转移到高层管理者，希望高层管理者能带领企业做出改变，因为权力掌握在他们手中。企业高层管理者这时候如果能够意识到问题的存在，就要努力改变现状，让竞争对手处于不利地位，而让我方处于优势地位。

如果高层管理者无法感受到来自企业内部的期望，那么队伍的士气就会衰落，伴随着战斗力的下降，让企业走入更加困难的处境。这时候高层管理者应该大刀阔斧，在组织“身体”还足够强壮的时候，随着品类竞争形势的发展，为企业开创一个又一个新品类，以保证企业在未来的可持续经营。

企业内积压的一些问题，是日积月累的，无法在短时间内解决，但是企业管理者可以先转变自己的想法，再积极地寻找能够提供帮助的人，凝聚可以利用的力量让企业发展得更好，这样做的成本是阶段性付出的，而且很低，但回报很高。

在这个基础上，企业必须快速决定是否进行新品类开发并开展相关的战略方面的工作。如果认为这可以让企业在外部市场中获得更加有利的市场地位，并相应提高专业化程度、增加净利润，就应该尽早制定计划和预算，同时将新品类战略视为企业独特的核心资产，以此形成企业发展的主要能力。

但有些企业管理者在这时会有畏难的情绪，觉得开发新品类这项工作自己胜任不了，还要面对一部分团队成员的不解和对抗。在这种情况下，有一部分管理者试图通过削减开支来回避问题，但实际上，这种行为只是导致了“更有效地做错事”，虽然与大规模的公司重组相比，好像没有什么成本，但它永远都只能是权宜之计。

削减开支不仅会让大家产生抱怨，也很容易让管理者陷入误区，因为削减开支只会在短期内造成利润提升的假象。位于前线的销售人员有时候比管理者更清楚利润的本质，那就是利润只能通过销售商品及服务产生。削减开支从财务角度来看，最多算是控制成本，这不是管理者需要投入主要精力的地方，管理者应该充分挖掘真正能实现利润增长的地方。

削减开支会造成整体战略中某些环节停止运转的局面，还会让一些部门无法正常运转。如果为了短期的财务目标而削减开支，只会造成前线的补给不足，失衡是必然会发生的事情。团队的注意力会从外部转移到内部，同时经费的削减会限制成员对外探索、思考问题，从而又加快了利润的下滑。削减开支是很难持续的，当成本恢复如初，已经失去的市场份额很难恢复到原来的水平。

另外，削减开支对新品类活动的伤害性极强，因为新品类活动属于开创性行为，必然需要从无到有逐步积累。如果市场份额一开始较少，很有可能面临预算不足的问题，而如果这时候还要削减开支，就会造成研发投入不够、品质降低等问题。

削减开支从某些方面来看也带有强权色彩，发展较快品类的预算削减幅度必然比发展较慢的品类低，而大部分的压力自然不均衡地从前者转移到后者。

削减开支不能从根本上解决问题，是否需要削减开支关键要看当前的财务架构是否符合战略发展的需要，只有当财务架构与战略之间存在不协调时，才有必要通过改变财务架构来削减开支。

想要在品类竞争中获得能力上的突破，就必须以达到“战略高智”作为前提，这绝对少不了成本投入。因为我们不可能打一场没有任何投入的战役，还试图轻松地获得成功。新品类开发对任何一家公司而言，都是一项非短期且充满挑战的事业，可事业一旦成功，企业就可以拥有长达十几年，甚至几十年的稳定发展时期，这段时间就是养兵蓄锐、囤积粮食的最佳时间。

走低价路线的企业显然能轻松赚到微薄的利润，它们也从来不奢望销售额大涨，净利润从而大幅度提升，因为它们自己也知道，这种期望是不切实际的。

企业经常会用低成本战略来迷惑自己，自以为低成本意味着较少的投入、较低的风险，所以在品类竞争中，我们往往能看到市场上充斥着太多质量水平不高、同质化的产品。之所以就护肤品品类价值展开这么多的描述，是为了让企业管理者们意识到，我们的目标与市场上大多数竞争对手是“无法相同”的，我们不依靠大量的市场份额获得胜利，却可以在竞争对手销售数万件产品时，就顺利赢得我们所定位的目标顾客，并轻松地获得净利润。

第5节

品类差异化对溢价权的提升

市面上的很多图书为我们展现定位之难，实际上，只要你掌握了方法，就可以绕开定位去建立属于自己的品类价值。品类差异化虽然看似难度更高，而且也没那么直接，但它带来的收益却是清晰可见的。

尤其是具有差异化的品类，每销售出去一件产品带来的收益，会高于品类均值 40% 以上，而“真皮层渗透率品类”的品牌，则会比“表皮层渗透率品类”的品牌获得更多的收益。因为随着技术难度越来越高，竞争壁垒阻挡了许多没有实力的企业加入，在这个时候，少数几家企业垄断了品类市场。品牌的差异化越大，所代表的品类价值越显著，被顾客记住的概率就越高，在销售产品时溢价权也越高。

对于如何提高对应品类价值的品牌溢价权，目前我也有了初步的研究成果，如通过品类联盟的整体力量提升整个品类的输出价值，将长达几年的规划分解为多个小步子，对品类价值进行升级，让竞争不断朝着良性方向发展，在此基础上，提高品牌溢价权就只是时间的问题了。另外一个方法就是通过群体与群体间的协作，在日常品类竞争的活动中，提高纵向一体化水平，在产业上适当地控制产能，并通过产能最终影响市场端的销售及品牌溢价。

溢价权可以用于检验一个品牌是否具备保值、增值的潜力，高溢价权也为品牌证明了自己的独特魅力和市场潜力。一个品牌如果经过多年的市场积累，没有持续提升品牌的溢价权，其在此期间的经营成果就无法得到认可。

溢价权是伴随着品类价值、差异化而诞生的，其实这取决于顾客认为哪个品类价值更符合自己的消费理念。当然，品牌也需要提供独特的产品与服务，并让顾客看到产品与宣传内容的一致性。

缺乏差异化意味着品牌的生存总是伴随着风险和未知因素，过着饥一天饱一天的生活。市场上似乎有许多品牌并没有意识到自己就过着类似的生活，他们在宣传自己的时候会模仿或抄袭别人，而对应的某款产品几乎“包治百病”，“快速减肥”“不伤害身体”“价格低”……这实在让人难以理解。

顾客也只能抱着赌博的心态进行选择：如果赌对了，说明这个品牌所提供的产品及服务确实如其所宣传的那样可靠；如果赌错了，顾客只会愤愤不平，觉得自己遭受到了品牌方的欺骗。

实际上，为了获得高利润，我们必须使品类价值与差异化更具独特性，但同时也需要适时地减少那些“确实不会存在的效果”，否则就与上述的一些品牌带来的迷惑行为没有什么两样。

但对于一些顾客支付意愿较低的品类而言，如果拥有品类价值与差异化的成本确实远高于生产成本，那么面临的则可能是：这项业务很难再执行下去。这里可能出现两种情况：一是顾客无法支撑品牌方远高于自己支付意愿的价格，前提是该品牌的产品售价是其他产品的数倍；二是该品类因为长期低价经营，已经在顾客认知中被打上了风险品类的标签，顾客没有必要付出那么多来换取可能带来风险的产品。

当然，一些“隐患品类”也存在这种情况：之前已经多次被报道存在重大的隐患，虽然现在有新的强势品牌出现并告知大家，它们的产品已经解决了品类发展中产生的问题，但人们还是难以对其建立起信任。

最好的例子就是魔力擦。这个品类虽然非常好用，在清洁能力上比之前所有的产品都要强，但在它最开始出现在市场上时，并没有诞生出足够强势的领导品牌来积极宣传这一新品类，同时许多小厂家因为无视品质把控，导致产品产生质量问题。国内一些化学领域的专家称，一些魔力擦可能含有致癌成分。这导致许多人虽然被魔力擦的功效所吸引，却不能承受随之而来的风险。

当“支付意愿较低”与“品类价值及差异化”产生冲突的时候，我们不能固执地认为是市场有问题，而自己的判断是正确的。相反，我们应该根据市场反馈回来的信息，阻止强制执行的行为，否则就有可能沾染上品类风险，进而让企业的新品类梦想破灭。

因为我们需要提前做好分析和决策，新品类最高的销售价格应该与顾客对其的价值判断相一致，只有这样才能在市场中获得认可。在这个基础上，企业几乎是稳赢的，因为其不需要再额外付出别的成本，就可以拥有较高的溢价空间。

需要注意的是，实际可销售的最高价格其实并不是由品类竞争所决定的，而是由品牌所代表的品类价值所主导的，当销售价格与品类价值完全相符的时候，品牌也就能轻易地获得销量。

我之所以在书中对品类价值进行详细的阐述，是因为要提醒企业管理者，要在尽可能短的时间内为自己增加筹码。只有这样，在未来所在品类遭遇无法抵挡的冲击时，才能将损失降到最低。

第6节

如何在品类竞争中增强适应性

市场行情好的时候，大家都可以悠闲度日，因为这个阶段大家可以轻松地获取足够的利润，有一群具有品类价值的品牌在前方带头，总会想方设法提高所在品类的溢价权，并将价格提高到与市场份额相匹配的水平。但在市场行情较差的时候，竞争激烈，不仅是顾客，所有人对价格都很敏感，即便是这个品类中具有高度差异化的品牌，也需要做出改变，否则就要面临顾客的流失。在这种情况下，没有哪一个品牌可以独善其身。

这时，正确的做法应该是在内部努力获得技术上的突破，而不是通过缩减经费来维持生存，因为没有突破对顾客而言就意味着退步。同时，在外部市场中，可以通过赠送一些附带的增值服务，去稳定住原有的市场份额。虽然许多品牌通过赠送更多的“小样”来维护顾客，导致成本增加，但这也比降低价格直接产生的利润缩减要好许多。或许我们可以这样想，企业只不过增加了 5% 的成本，却挽回了可能产生的 10% 的直接损失。同时，赠送的方式还有一个好处，当后期市场行情转好的时候，就不需要再想办法将定价恢复到曾经的水平。

在评估市场行情是否发生转变时，我们不应仅仅从自身开始分析，更需要从竞争对手处开始分析，尤其是要分析大多数竞争者的状况。在市场中，最明显的转折就是当我们生意不好的时候，而竞争对手突然间销售额暴涨，那或许不是我们做错了什么，而是竞争对手找到了更适合应对品类竞争的方法。我们需要做的，就是紧盯着那些发展势头始终良好的品牌，并将注意力锁定在它们的品类价值与差异化上，通过挖掘这两点，就可能找到它们超越竞争对手的秘诀。

竞争对手成功地打破了市场平衡，并在品类竞争中吸引了顾客的注意力，如果不是这样，我们也不可能损失一部分市场份额，因为所损失的已经全部流入对方手中。在这种情况下我们需要分析，“它”只是一个个体，还是隐藏在暗处的一个群体。如果是后者，情况会更加严重，因为群体的力量我们很难凭借一己之力去抗衡。

试想，齐国如何以一己之力抵御其他几个诸侯国的合力围剿呢？最佳的方法是声东击西、逐个击破，甚至可以采用一些手段让各诸侯国离心离德。竞争对手虽然看起来很强大，但是为了利益临时集结起来的力量却只是短暂的。临时的合作并不会让团队成员卸下对彼此的防备，甚至有可能某一国已经将重心放在防御友国的攻击上，而并非一心一意攻打齐国。

所以在这种情况下，齐国可以分析当下的局势，找某一个国家作为切入点，达成合作，破坏对手团队的力量。在产生了更高、更长远的目标或可以获得更多利益的情况下，新的合作是可以迅速建立起来的。

当我们已经身处最为危险的核心区域，如果不能做到沉着应对，是无法在战役中幸存的。冷静分析，加上运用平日里学习到的品类理论，就可以发挥出巨大的能量。

危机的出现其实伴随着我们的疏忽，在这种疏忽未“修缮”之前，危机是不可能主动消退的，所以期望危机迎刃而解，是不现实的。若我们能在日常工作中建立起一种习惯性的思考模式，在应急的时候就不会显得捉襟见肘，而是游刃有余、应对自如。

当然，这也如诸葛亮的空城计一样，决定权不仅仅掌握在对方手中，很重要的一部分是掌握在自己手中的。因为在对方决定我们胜败的同时，我们也决定着对方的生死，如果不能深思熟虑后做出决策，就很可能造成致命的后果。

哪怕平时在我们看来并没有多大威胁的“非竞争对手”，一旦集结成一股力量，也可能为我们带来摧毁力。打个比方，若我们的极限负重是 230 斤，那么在绝对的力量（260 斤）面前，每多出来的一分力量，都有可能变成巨大的威胁。因为它不仅超过了我们的负重极限，还给我们带来了不能承受的精神压力，进而造成了被动的多重承压的状态。

这时候我们需要做的绝不是破釜沉舟、背水一战，去面对那些我们无法承受的损失，而是逐步地将力量卸、解、化、消，将注意力集中在这个步骤上，通过掌握可能调用的力量，争取在与对手周旋的同时，快速找到能真正解决问题的方法。

经常打球的人会知道，当面对手臂力量比你强大的竞争对手时，绝对不能拼手臂力量，否则就很容易露出劣势，并陷入被对手牵制的困境。那么最佳的方法是什么呢？就是以柔克刚，借力击球、轻挡其实都属于有效的防御手段。

体力好的球员就如同资源充足的企业，当拼资源的时候，胜利必然属于资源充足的一方。但还有一种奇特的现象，那就是在双方资源差距较大的时候，劣势一方不断地锻炼发球技术、接球技术、技巧性回应，并以此提高胜率。

所以有时候，资源充足的一方在面对技巧高超的对手时不占优势，而技巧型对手却最终赢得了胜利。关键因素就在于技巧，在面对大举发力的竞争对手时，技巧型球员会避免选择硬碰硬的方式，同时会刻意减少双方急速交锋的时间。

技巧型球员通常会制定出不断消耗竞争对手体力的计划，运用不同的方式，让竞争对手感觉不到他球技的侧重点及真正水准。这在对战时能极大地打击对手的士气，并让对手产生一种拳头击打在棉花上一般的无力感。

技巧型球员通常具有一个特点，就是善于研究出一套对己方有利，而牵制对方的模式。喜欢打王者荣耀的人都知道，如果用辅助型选手去对战程咬金类型的选手，后者可能不费吹灰之力就将前者击杀。我们要么选择把这一局游戏打好，要么就快速投降，没有其他的结果让我们选。因为无策略的战败并不算是一种选择，而是一种无奈的自我否定。对于想要取得胜利的人而言，好好打下去意味着需要有一定的策略。

策略的设计不应该局限在单纯的进攻与防御上，主要在技巧上。对于习惯于使用刚猛力量的球员来说，他们的弱点就是不习惯打软球。但实际上，用软球来攻击对方的弱点，很有可能获得绝佳的效果。

运用策略和技巧可以让对方产生有力使不出的消极情绪，而将自身的优势充分发挥出来，由此我们可以轻松地从中找出对方的弱点，并在合理的时间内找到切入点，展开主动进攻。

化被动防御为主动进攻，是需要足够的技巧的，但前提是球员要有良好的手感及一系列有效的反应，这其实就是卸、解、化、消的作用。所以我才会向企业管理者提出建议，对于已经充满竞争对手的品类，不能草率地加入，而是要有技巧地为自己创造出一个新的市场，结合挖掘到的品类价值，衍生出一套对我方有利的“球场规则”，并吸引更多的人参与比赛。在持续练习技巧的同时，积累足够可用的发展资源，才是我们取胜的最佳方法。

我们从企业管理者的一些日常管理行为中，就可以判断其管理能力的高低。比如，一些多元化经营的品牌，其管理者打造品牌的策略及手法不能称得上高明。当然，在还没有强大对手参与并带来威胁的情况下，这种管理能力不一定会让企业的市场份额流失；但是在那些对专业化要求越来越高的市场中，多元经营的企业将会逐步陷入困局。

多元化经营的企业原先的销量可能不错，但这不意味着其能始终这么舒服地生存下去，随着专业化市场的发展，危机是迟早都会到来的。这也暴露了这类企业的管理者不谙“兵法”的内在缺陷。

在品类竞争中，主动进攻的一方往往会在日常的交锋中悄无声息地融入一些试探，以判断对手是否能发现潜藏的危机。若对手轻而易举地化解了一些危机，那么主动进攻的一方可能会给对手打上一个“势均力敌”的标签，将其归纳到“不太好惹”的那部分对手中，进而将攻击转向其他竞争对手，寻找到较弱的对手，为后期再发力提供基础。

聪明的竞争者在进攻时总会对双方实力进行有效评估，它们会总结每场战役胜败的原因，并在这些综合数据中找出“敌弱我强”的有利因素，进而描绘出双方存在的差距，并以此作为在未来发起决战的最终依据。

有些企业在商战中会感到困惑：自己上半年处于领先状态，而竞争对手下半年又抢先一步。这些企业并不知道自己在这些小型战役中是怎么打赢的，自然也就产生了莫名其妙的感觉——好运消失了。所以，打输了，也不知道自己是怎么打输的。

实际上，企业内部人士很少会依据这些战役的结果分析出各种影响因素与胜败间的关系。在他们看来，作为“经验丰富”的职场老将，与数据打交道的时代已经一去不返，只有在领导需要相关报告时，他们才会拿出一部分时间草草地应付任务，尤其是当产品过多的时候，根本没有多余的时间用来做此类工作。此类工作相对枯燥乏味，与那些创造性工作相比，简直是没有价值。这造成了相关人员对数据的敏感性逐步降低。当然，数据分析的工作即便做了，也不能解决当前多元化经营、品牌延伸的问题，因为这类问题处于更高的层面。

工作的庞杂性导致企业内部人员对一些重要的工作过度“泛化”，对潜藏在其中的有价值的内容直接忽略。他们在麻木工作的同时，为自己的企业埋下了祸根。

他们无法从中发现什么，可能是将更多的注意力放在过往的丰收上，可能是觉得之前赚取的那部分回报过于庞大，是用之不竭的。但他们没有考虑到，企业这样发展下去，舒适的日子也将结束，因为当资源已经成为固定资产的时候，如果没有好的方法提高它的流通率，它只相当于我们人体中多余的脂肪，在你饥一顿饱一顿时，它只能充当最后的退路。你站在巅峰受到万众瞩目时，也是竞争对手虎视眈眈、伺机发起进攻时，因为这时候你展现出了自己所有的优势，也暴露出所有的劣势。

如果我们能在市场行情很好的时候，就开始有警觉意识，并在日常工作中依照长远的规划行事，并分出一些时间用于“强身健体”，就不会等危险来临时，和那些没有准备的企业一般，承受着精神上的压力，迅速地被对手击败。企业缺乏商战意识，一旦有风吹草动，不免人心惶惶，甚至在精神上瞬间瓦解。

大部分的商战属于小型战役，但这些小型战役也足以体现企业的商战能力。企业中最高决策者是否有灵敏的商战意识，对企业的未来发展至关重要。

站在一线的基层人员会了解真实的信息，大多数时候并不是自身所在的企业不行，相反，从他们的角度来看，企业是非常健康的。那到底出现了什么问题呢？一个可能的原因是——企业高层管理者甚至是最高层能力不足。一些只知道待在办公室“指挥”的管理者，他们不愿外出与前线打交道，只知道如何将自身的利益凌驾于企业之上。如何判断一个企业管理者是否在胡乱指挥：如果那些原本生效的规则，经他修修补补之后，看似得到了改善，却让企业越来越混乱了，就说明指挥是无效的；另外，可以看他们的指挥思想是否与有效性产生最直接的关联，如是否能提升前线的战斗力或企业的竞争优势。

他们习惯于待在办公室中，缺乏前线作战能力，以至于短板过于明显，这也导致了在关键时刻往往很难要求他们发挥作用。当危机发生时，他们通常不是先找到解决问题的方法，而是先找到一帮“责任人”出来顶罪，并把问题变得越来越复杂。

这类人在每家企业中都会存在，他们自私、贪婪、缺乏担当意识，如果你稍加分析，就能很容易地发现，他们在工作上没有什么作为，在制造负面情绪上却属于拔尖儿的。这类人通常被我归为蛀虫一类，是企业良好发展、实施新品类战略的有效抵制者。因为他们担心企业稳步增长时，自己的滥竽充数策略就行不通了，周围是一帮精明能干的同事，那么自己面临的只能是需要另谋出路的局面。

他们总会准备好一大堆说辞来说服股东与董事，却很难糊弄那些一线的成员，因为一线的成员离市场最近，最为敏感，他们当然知道自己的企业到底有多少实力，必然不是那些“久居闺阁”的管理者所能欺骗的。

曾经有一家企业在我们团队的帮助下，获得了连续五年的高速增长，当企业一切稳定后，创始人需要分出时间去做其他事情，无法继续与我们对接。企业临时聘请了一位“海归”，其上任一周后，约我一起吃饭，并告诉我他明年有购房计划，如果我们希望继续合作，必须让出 15% 的项目利润。当我询问这是企业要求还是私人行为时，对方告诉我这不重要，因为他作为创始人高薪聘请的管理者，具有直接换掉我们的权力。

但他不知道，企业创始人一直非常认同我们的工作，和我本人的关系也非常好，我们经常在一起打球、吃饭。有一次我们见面的时候，我向他问起企业要削减项目报酬，是否是因为遇到了什么困难，并表示我的团队愿意和企业一起共渡难关，但难关渡过后，要立即恢复原定的报酬水平。

而创始人表示自己对这件事毫不知情。他回到公司了解后发现，是临时聘请的管理者为了谋取私利做出了这个决定。

后面的事情，自然也没什么悬念了，企业重新选择了人员与我们对接，最终当年再次实现了市场份额增长。

在强敌来袭时，是否能够抵御完全取决于我们如何看待和应对竞争，如果不是想着如何防御、反击，而是乱了阵脚，或者迫于压力主动降价，其实是没有丝毫用处的。

顾客突然间放弃了我们的品牌，转而购买同等价格却提供很多其他优惠的竞争对手的产品，这样的现象并不是看上去那么简单，它不是在一时之间产生的，而是竞争对手谋划已久的。对手知道了我们的缺点后，迟早会攻破我们的防御，而我们对市场缺乏敏感性，或许连分析竞争对手是谁的能力都没有，何谈从中找到应对的方法呢?

如果这时我们还没有看清形势、紧张起来，很有可能迎来第二次更难阻挡的攻击。因为竞争对手一旦发起攻势，一般不会在夺取一小部分市场后就满意地离开，很有可能在后期使用撒手锏，如果我们没有防御的准备，根本无法抵挡强大的攻击。

我们可以分析对手企业的主将以及主将的思考方式、商战能力，以判断对手接下来的招式是高明的还是普通的，并据此做好应对及资源上的筹备。同时，竞争对手也很有可能在一线的信息中透露出接下来的进攻策略，我们可以就对手企业的动态、市场布局乃至产品描述进行分析。企业需要分析和预判对手可能走出的下一步，以便在已经预见的、无法抵抗的暴风骤雨来临之后，能积极地为转移做好准备。

品类竞争中最重要的一件事，是优胜劣汰，让那些先进的、具有竞争意识的企业拥有一定的市场地位，而让落后者尽快出局、腾出位置。

有一种人十分睿智，他们静水流深，对待事业持之以恒，他们具有敏锐的商业意识，并懂得灵活变通，在必要时会勇敢地展开进攻，这导致他们在财富积累上远远超越常人。这一切都是其与那些没有做出实际行动的逊色人员有所区别的标志。

很明显，后者通常依赖于前者而获得生存基础，他们渴望获取经济报酬，尽管这些经济报酬对于前者而言是非常少的；他们通常相信命运，对于一些没有任何确定性回报的竞赛如赌博等尤为热衷。

当身处一个没有强劲对手的环境时，他们会觉得今天的成功是昨天付出努力的结果，而当情况发生变化、逆境来临时，他们会觉得“好运消失了”。他们往往对当下毫不关心，而对“未知”寄予过高的期望。在他们的潜意识里，未来会更好，但他们忽视了当前所要做的铺垫。

这也是占卜、塔罗牌、星座方面的书籍大为流行的主要原因，上述人员通常会沉迷其中，而不是借助已有知识为当前、未来的环境做出合理、令人信服的解释。

工作中，有人会跟我抱怨运气不好，市场越来越难做。我的第一反应是，他想表达的是不是“无奈地接受命运吧”“我真的没有办法了”？

至于那些想要追求物质利益和社会地位的管理者，情况可能是相同的，他们通常都没有考虑到当前这个方法是不是用时最短、成功率最高，而不断地将注意力放在那些虚无缥缈的追寻上。

对于物质利益的追求似乎使他们忘记了自身所处的环境——同质化竞争、多元化经营。在通往目的地的过程中，他们逐渐意识到，目标在不断地发生偏移，原本计划一年内达成的目标，半年多的时间过去了，收效甚微。这导致他们对增长产生错误理解，也是他们大量的跟随模仿行为的有效依据。但很可惜，因为不懂得品类理论，他们通常意识不到这些问题对自身的影响。

另外，既有品类市场中，强敌林立已经成为一个无法改变的事实了，而我们还在竞争对手如此之多的市场中活动，其实是非常不理智的，因为在机会如此之少而风险如此之高的市场中，付出很难换来回报。对手越多，打胜仗的难度就越大，这条原则是永远生效的，应当牢记。当我们置身于既有品类市场，想法还得迅速转变一下，应该考虑的不是如何取胜，而是如何先躲避大部分的厮杀。

在既有品类中竞争的企业，死亡率居高不下，许多企业陷入泥潭苦苦挣扎而无法摆脱困境。在这种艰难的情况下，却有一种错误的声音把人引入误区——“市场越大，机会越多”。持这种观点的人丝毫没有考虑到自己与真实存在的对手之间敌强我弱的状况。同时产品越不具有差异化的品类，参与竞争的企业就越多，这场战役几乎是没有赢家的。

所以，新品类的进入要有门槛，如果没有门槛，利润增长会受到限制。当然，门槛不能过低，也不能过高，否则就会阻碍新品类的发展，不利于市场销售。

门槛过高会导致替代品类迅速出现，并拉低了顾客所能、所愿意支付的价格上限；如果门槛过低，企业又没有多余的利润可用于品类升级、品类联盟建立，同样会弱化企业的盈利能力。

我们可以将那些中立、不太强势的人群定位为目标消费者，他们通常不会要求过高，而又区别于那些低端产品消费者。只有在保证环境安全的情况下，与同质化产品相区分，才能提高对应的进入门槛。我们是不可能在提心吊胆中长命百岁的，成长只能发生在宜居的环境中。而要找到“这项符合自己的业务”，关键就在于创造一个符合自身实际情况的品类价值，并进行有效的自我定位。

企业开创具有差异化的新品类，能从根本上减少直接的竞争。因为差异化品类通常对小型竞争对手来说要求比较高，而从利润上说又不符合大型竞争对手的标准，所以我们能在这一无争的地带中休养生息并安心地积累势能。经过数年时间的发展后，资源有了，实力有了，而时机也合适了，企业就可以迅速扩大市场。这种生意通常没有风险，虽然一开始的利润并不高，但越往后发展，越能展现出潜力。

这是大部分选择开创新品类的企业的发展路径，它们能在不犯错的情况下稳定地将一个品类经营好，安溪茶叶、晋江运动鞋、南安水暖……建立了一个个品类价值，而这些品类价值也为企业带来了规模化发展的可能。借助地理标志建立品类价值的企业，不仅有效地阻挡了其他入侵者，还能快速地建立联盟，分享共同创造出来的更大的蛋糕。

相反，企业如果采用的不是新品类战略，所依靠的也不是挖掘出的品类价值，就会将自己定位为快速模仿者、快速跟随者，因为市场中通常只有这两个人群。后者通常做既有品类的细分市场，不涉及创造性的活动，其采用的可能是“新产品战略”，这是与新品类战略截然不同的战略。

其实，新产品战略也比较好理解，比如，企业内部没有研发人员与营销人员，最高领导人可能会快速想出开发新产品的方法，并通过不断的测试得到最畅销的新产品，快速地投入市场。如果市场反响不好，企业并不是投入成本去推动销售，相反，这款产品很有可能被迅速撤回，并投入其他市场，管理者也会迅速地为目前的市场填充上已准备好的新一款产品。

采用新产品战略的企业，每个月需要在无数的产品、成千上万个想法中做出选择，虽然成功率只有 1%，但这是它们赖以生存的主要方式。

在这个快节奏的环境里，几乎所有的产品都不具备自己的灵魂，与它们关联的只是与当下的话题有关的那些可能带来销量的因素，只有这些才证明它们曾经存在过，虽然过于短暂。

开发这类新产品的工作并不需要置身于企业内部，在外部就可以完成，比如，根据新品类的品类价值，稍微改动一下就可以迅速打造一款新的产品，并将其投入市场。这种节奏的工作只要用开创新品类的几十分之一的时间、资源，而时间和资源的投入正是管理层每天关心的要素。当然，还有一项工作是考核产品成本与净利润，如果测试环节的数据表明，某一款产品有一定的发展前景，甚至达到了开创新品类的标准，但由于其与企业的自我定位相悖，同时短时间内的利润率达不到管理者的要求，那么该产品可能会被舍弃。这种企业管理者要的就是短、快、有效，缺乏这几个因素的新产品，哪怕再优秀，也不会有机会面市。

这种企业管理者可能是执行战略的模范，却只会制定最糟糕的战略。在失败率极高的市场中活动，成功率显然是飘忽不定的因素，而“温饱多少天”大多数时候是由“热度”的持续性决定的。另外，持续性盈利对于这类企业而言，是不可能存在的，因为哪家企业若能做到一年中有三个月的产品热销，就算是行业内的佼佼者了。

第7节

新品类战略的使用误区与矫正

很多人把“新品类战略”视为“新产品战略”，他们不了解二者的本质区别。前者有助于企业称霸市场，而采用后者的企业往往只能看着其他企业称霸市场。

在我之前服务过的一些企业中，有人离开并独立创业，把我曾经讲过的品类理论用在了制定新产品战略的实践中。这几年，他们常常和我交流，据他们说，他们已经获得了一部分投资人的青睐，他们这样向投资人介绍自己的模式：“是一种新型工具”“投入很低”“产品流通率高”……

但是在融到资金的同时，另一些问题产生了，而这些问题正是之前他们从未考虑过的，在我看来，应对不慎，就可能带来功败垂成的结局。

他们在试验了一段时间之后，发现了许多弊端，“没有一个正儿八经的品牌”“投资人不愿意再注资了”“因为模仿抄袭过于严重，官司也多了起来”“员工流动率过高，因为进入门槛低，大家都出去单干了”“投入的资金都打了水漂”。

当他们带着这些问题询问我该如何解决的时候，我一时间也有点儿发蒙，因为在新品类领域中，我并没有花时间去考虑：如果不是新品类战略，而是新产品战略，对于可能产生的风险，应该如何有效防御？

我建议这些管理者先看看以下这几个问题是不是有了答案，试试在其中找到合理有效的解决方法。

①这些问题的出现，是否之前就已经意识到了？那个时候解决问题的代价不算高，但现在解决问题的代价是否已经超出了可承受的范围？

② 您是否愿意为执行战略，将大部分的利润分给大家，并挽留住大部分人？尽管您现在已经很辛苦，赚取的钱也已经很少了。

③缺乏投资人的注资，是否是造成此战略无法再执行下去的主要原因？如果现在要吸引其他投资人，更好的办法是什么？

④如果不是为了空手套白狼，当初选择这项战略的初衷是什么？有什么理由支撑着您将此战略执行下去？

⑤如果还有机会回头，是否还愿意将企业的战略调整为效果明显的新品类战略？虽然执行难度在前期会较大，执行进度也会较慢，但比执行新产品战略在关键节点爆发危机会好很多。

⑥不选择改变的理由是什么？选择改变的理由是什么？请客观陈述。

虽然知道问了这些问题，这些企业有可能永远不能成为我的顾客了，但我还是尽自己所能与其建立了后续的联系，这样做的目的是让企业减少一些损失，以便其能在经此磨难后，还能保留更多的资源用于日后的东山再起。

虽然很多人把这种新产品战略看作机会，而非磨难的根源，但实际上，错误地应用品类理论，随之而来的确实只有磨难，而不是机会，这一点是企业管理者一开始就应该意识到的。如果继续下去，所有的“抄近道产品”，不仅无法帮助自己最快地实现经济增长的幻想，还会为自己惹来一堆的麻烦。

当有几位企业管理者带着新产品战略引起的问题来咨询我时，我就意识到，这不是个例。因为短期之内已经出现了“反向发展”的现象，如果只是小概率问题，自然不可能这么集中地出现。我虽然还没来得及深入思考出现问题的原因，但不免会为这些企业的处境感到担忧，因为后遗症已经在很短的时间之内出现，我担心后面还会有非常态化的现象发生。所以我就花了些时间，将几个比较重要的问题罗列了出来，希望为找出答案提供一些引导。

将这些问题抛给多位企业管理者之后，有一部分管理者迅速意识到目前的战略存在的短板可能是致命性的，如果要在品类竞争中获得持续胜利，投机性行为是不可取的，否则招来的可能不是幸运，而是灾难。

那时候我们还特地建立了一个讨论组，讨论在这种情况下企业怎样才能尽可能地减少损失，在走出困境后能有效地积蓄力量。经过一周的长时间交流，有超过七成的人做出了他们的决定——摒弃新产品战略，而将发展重心转向新品类战略。

事情没有到此结束，打算采用新品类战略的企业，我们的团队为其找到具有品类价值的市场，同时，品类联盟也建立起来了。我记得品类联盟成立之初，有六个核心成员，其中两个成员的管理者熟读新品类系列丛书，这两个成员共同成为品类联盟的决策者。

六个核心成员的管理者中，有一个人在此之前就应用过品类理论为所在企业提供项目服务，并帮助这家企业成功获得了一笔 6000 万元的融资。

该品类联盟成立之后，经过一年时间的发展，有四个品牌已经成功实现了 800 万元营业额的突破，而净利润居然高达 8% ~ 12%。在一年的时间里就能取得这样的成果，说明新的战略是有效的。

当初为品类联盟选择的是方便面这一主品类，开创了拉面这一具有高溢价空间的新品类。我们的团队牵头，与企业管理者共同确定了品牌名、品类名以及品类差异化等可用于外部市场的核心武器，稳稳地占据了新品类价值——爽滑（儿童）、Q 弹（年轻人）以及嚼头（中年人）等，这覆盖了大部分年龄层的消费者。每种品类价值都有对应的专业化品牌。

这些具有品类价值的品牌，与新品类战略高度匹配。这些品牌不是凭借资源而出现在市场上，而是凭借品类价值赋予其的生命力，各品牌在有所代表的同时，在新品类领域“各据一方肥沃土地”“在行动上彼此加强”，形成了一股令潜在对手胆怯的防御力量，从而规避了许多同质化产品加入可能带来的伤害。

我们的团队成员曾私下去找代表“爽滑”品类价值品牌的销售人员，询问其产品是否也适合中年消费者，销售人员明确表示，中年消费者并不适合，因为他们的品牌是“爽滑”拉面的专家型品牌，是针对儿童的生理特点进行研发的，如果想要购买适合中年消费者的产品，这个领域中有对应的专业品牌，其产品更有嚼头，是更好的选择。

这一回应获得了团队成员的充分认可。或许有许多人会想，这样服务顾客，客服有可能会下岗。但其实，很早之前团队成员就已经向这些品牌做了充分的解释——有舍才有得！如果一个品牌什么都代表，那就什么都不代表了。舍弃自身所不擅长的领域，而专注于自己擅长的领域，无形中可以避免许多“增长带来的烦恼”，同时也避免了恶性竞争可能带来的彼此伤害。

这其中最主要的因素，应该是这些企业想要打造专业化品牌，并让品牌与具有高度差异化的品类价值牢牢捆在一起，当顾客想要购买“某些品类价值”的时候，就会联想到对应的专业化品牌，从而让品牌变得越来越专业，能够越来越有信心地良性发展。

这也是我们的团队为企业寻找的一种长线发展、持续盈利的有效方法，这需要企业管理者耐得住寂寞，忍受住类似“产品很多就是盈利高”的错误认知的干扰。只有这样，品类价值才能充分发挥出来，并让建立品牌成为一种有效的发展路径，让新品类战略带动中小企业有序发展。

这些品牌目前在一些电商平台已经积累了一定的口碑，而且市场份额每个月都会有所突破。在连一线人员都深受新品类战略高度影响的企业里，新品类战略是很难不发挥作用的。虽然这些企业暂时还无法跟那些大型且高度专业化的企业相比，但是它们已经走上了一条高于同质化发展的光明大道。

这些品牌非常有信心将新品类战略持续执行下去，或许是三年，或许是五年，这必然是最有效的一种发展路径。

经历过这件事情，我觉得企业确实有必要把一套已经生成的战略记录下来，并在企业内部、外部不断将之告知所有人，在增强自身信心的同时，也不断地引导所有人做出一系列正确的市场判断。

新的发展方式带给企业的好处是非常多的，其中最重要的莫过于随时提醒企业不要忘记自己的品牌到底代表什么，当初寻找品类价值的艰难，后期建立品牌与品类价值的关联多么不容易。

要知道企业管理者是很健忘的，因为他们周边充斥着大量庞杂信息，这些庞杂信息会没有依据地告诉他们你要这么做，那么做也可以。如果在此之前企业能把新品类战略在内外部宣讲通透，这些人就可以起到监督的作用，让企业和企业管理者坚定地执行好新品类战略。

一套成功的新品类战略在制定的时候往往被分成不同的模块，所以在执行时也会被拆分成不同的模块，很可能具体的执行工作会被分配到企业内的不同部门，这些部门依据已经生成的新品类战略将信息转化为外部可用的信息。

在这个过程中，信息被遗漏，甚至战略被直接“篡改了原意”的情况是很容易发生的。大家对于新品类战略的理解，是一个学习的过程，很容易被其他看似有效的信息干扰，而产生误解。大家会觉得新品类战略既然有效，那么新产品战略是不是也能行得通。

新品类战略以品类价值作为基础，通过建立品牌，并让品牌与品类价值紧密关联在一起，最终让企业获得持续、稳定的溢价；而新产品战略既模仿不到新品类战略的形，也模仿不到新品类战略的内涵，只对新品类战略进行修改，把需要投入的时间大幅度缩短，又以模仿抄袭代替了发明创造，这如何能获得成功呢？

我们既然已经知道问题产生的原因，那就要防患于未然了。企业一开始就要将新品类战略、品类价值有效地传播给顾客、求职者、投资机构、第三方监管单位等所有与企业相关者。这些购买者、从业者、投资者、监督者，甚至旁观者，会紧盯着企业的一言一行，在企业管理者要犯错误的时候，及时制止企业朝着不良的方向发展。

第 2 章 / CHAPTER TWO

完善的体系和模型

第1节

新品类战略的评分

对新品类战略的执行情况进行适时的总结，会影响企业成员的主动性，这能让大家看到，之前的战略是否在持续执行。因此，我们可以通过考核的方式获得新品类战略的阶段评分。

例如，新品类战略在企业中已经实施了一段时间，为了长期发展，我们就有必要每三个月组织一次战略阶段评估活动，让大家充分参与，了解当下新品类战略是否保持在“高分”或“高效运转”的状态。

最终的分数通常与企业这段时间的努力直接相关，当然，跟努力的方向也密不可分。阶段评价可以防止一部分人“用力过猛”却没有任何成果，同时不知道背后的原因的现象发生。我们需要时不时地回望一下，尽管有时候这会被一部分人视作浪费时间，但其实这是非常有意义的事情。

可以放心的一点是，无论评分是否让我们满意，答案对我们来说都是有价值的。通常我会建议企业按照三个等级进行评分：

① 90 分（欢迎）；

② 80 分（接受）；

③ 70 分（抗拒）。

三个阶段维持在 90 分，说明企业始终高速稳定发展，未来可能实现增长。

每个等级对应着不同的企业处境，而这些企业处境会直接决定企业在市场中的受欢迎程度。

如果上个季度还是 90 分的评价结果，而这个季度只有 80 分，那么随着市场份额与净利润的下降，我们自然就知道是什么原因引起的了，因为企业的最终经营成果与评价结果往往是息息相关、相互验证的。

当然，我们也可以用这个分数来分析为何市场份额始终无法突破，甚至有下降的风险，如企业已经连续好几个季度处在 70 分的水平，这是企业内部大量的不一致行为所导致的。品牌在新品类战略中宣称自己是“Q 弹”专业品牌，却在外部市场中宣传自己的产品也很“爽滑”，这已经不是一个简单的错误，因为其已经造成了大量珍贵资源的浪费，而这些珍贵资源原本是可以用于宣传“Q 弹”，并带来销售额的。

这怎么可能不引起市场份额与净利润的下滑呢？因为顾客根本不相信一个已经代表“Q 弹”的品牌，在产品上同时能做到“爽滑”，他们知道“爽滑”的产品中有更专业的品牌，而这个代表“Q 弹”的品牌只是三流的。

为新品类战略制一个表格，就能轻松解决我们平时可能遇到的那些致命性问题，为企业找到那些已经存在着的“综合因素”，并规避那些“综合风险”（如表 1 所示）。

表 1　新品类战略项目评分（示例）

项目	评分（满分 14 分）
对品类价值以及新品类战略的理解	10
对主品牌每日在外部市场情况的关注	9
为主品牌供给资源的及时性及力度	8
对优先给主品牌供给资源的一致性	12
品类价值与主品牌的充分结合	11
主品牌开拓市场的有效举措	3
所宣传的是否与当下存在一致性	6

由表 1 可见，有的项目评分较高，而有的项目评分很低，我们可以据此分析“做得较好”与“做得较差”的原因，改进目前的举措，让企业尽快回到高分状态，并朝着更好的方向发展。

具体的评分项目可以根据企业采用新品类战略过程中遇到的实际情况进行适当的调整，毕竟每家企业所经营的品类不同，所处的环境也可能差距甚远。适当的调整有助于企业能够根据自身实际情况为解决问题找到最佳的方法。

如果企业处于 90 分的高分状态，意味着其能够轻松地以正确的方式执行战略，并将战略融入每个部门的工作中。这类企业经常进行自我审视，可能在六个月的时间里进行超过两次的评估，它们希望通过新品类战略获得更稳定的增长以及更大的溢价空间。当然，前提是它们拥有高质量的产品、高效的跨部门协作，以及有效的宣传，并在高速运转的过程中无缝地串联起这些工作。

所以，我在为企业提供新品类战略方面的咨询服务时，都会在战略制定之前与项目方进行交流，并通过不断确定、不断推翻的方式，制定一套符合该企业特点的可执行的标准，并借此量化该企业可能存在的竞争优势、品类价值。这种标准有助于让大家看到现实中发生了哪些符合企业发展趋势的转变，同时也让大家相互比拼，据此判断谁的价值更大，而谁在拖后腿。这能够直接、有效地帮助企业在发生改变的过程中为自己设置合理的适应性计划，尽管在一开始该企业中的大部分人已经对这些计划了然于胸。反复的宣讲会让大家更加积极地前行，这也是企业中所有人都乐于看到的。

可用于衡量的标准有助于企业以及各个部门的服务业务更加规范、有效地开展，而这些标准是通过定期的考试、培训直接获得的，这一过程会涉及结合日常工作中的一些比较棘手的、琐细的问题进行专业性问答、解疑等，可以确保企业各部门、内部各成员的一切活动都不会偏离正轨。

第2节

建立有效的管理模型

建立有效的模型应该以“正向进展”或“良性循环”为方向，这在保证各部门提供高度一致性服务的同时，还改善了企业所处的竞争环境。企业的“良性循环”越多，人们的工作就越轻松，它的战略就越有效。受此影响，利益相关者也能感觉到，这家企业似乎发生了本质上的变化，现在越来越可信了。

企业一定要避免自己做出的行为与战略宣讲的不一致。如果还记得前面提过的“失衡问题”，那我们就有义务要求一个遵纪守法的经营者“言行一致”，这是保证企业持续发展的前提，如跨品类经营、品牌延伸、环境污染、恶意降薪、财报作假、降低质量、追求短期利润等人们反感的行为，会伤害到购买者、从业者、投资者等，会让他们认为“这个品牌不专心了”“说的跟做的完全不同”“投资可能打水漂”等。这些行为可能让企业陷入困境，而让之前所有的努力付诸东流，同时被打上一个“其实都是在作秀”的标签。

而处于良性循环状态的企业则可以在竞争对手赶上来之前轻松地赚取足够的利润，并在原地筑起壁垒。它们通常会把研究竞争对手作为一种日常工作，并从中找到对手的软肋、坏毛病，甚至还会主动释放出一些错误的信号，让竞争对手主动犯错，好为自己创建一个有利的攻击环境。在需要向对手发起致命一击之前，它们会伪装起来，显示出一副毫无危险的样子。它们还会对进攻手段进行升级，并理智地在升级过程中埋下一些“日后可以引爆的地雷”。这一类型的企业通常会生活得很滋润，因为它们有充足的理由成为胜利的一方，而且它们对于未来也比其他企业有着更多的选择。

一家企业运用品类理论的娴熟程度与其知识积累息息相关，因为完善的知识体系会引导企业朝着正确的方向发展。当然，企业经营良好也与管理者的眼界、能力有着直接关系，因为他们是新品类战略执行的最有力支持者，在企业资源分配与新品类战略执行上，他们通常有着最直接的影响。

由此可见，新品类从一开始就需要完善的体系、模型作为战略执行过程中可衡量的标准与支撑，而管理者也需要新品类作为带领企业稳健发展的强有力工具，因为缺乏新品类滋润的企业，其实只是一片贫瘠的土地。虽有培育优良树苗的广阔土地，却缺乏孵化优良树苗的其他环境要素，也意味着场地只能种植一些利润不高、流通性差的树苗品种，场地的优势没有被充分发挥。反观那些空间有限的土地，种植者大幅度提高优良树苗的存活率，努力学习让树苗成长得更好的方法，诚实守信，一小块儿土地发挥出了巨大的作用。

我们能从高度发达的国家荷兰身上看到一些可供学习的内容：荷兰农业发展在全球名列前茅，背后是有原因的。

虽然农业装备、农业技术、农业经营水平、农业管理水平以及农产品质量水平堪称世界一流，但放眼全世界，荷兰的这些优势并非独特优势，别的国家在这些方面也能达到同样水平。

荷兰农业唯一的独特优势在于：荷兰的农民与合作社之间存在着高度

有效的合作关系。正是这一因素使荷兰农业具有世界性的示范作用，荷兰也获得了“小国大农”的美誉。高度有效的合作关系发挥了最关键的作用，而这一点，是其他国家无法轻易模仿的。

如果从商业竞争的角度来理解，荷兰这个国家的农业其实是合作社农业，合作社的机制是创造高效产能的关键所在。

合作社机制其实不是什么特殊存在，相反，其结构异常简单——这是为了使农民成为独立法人所创建的企业。这种形式的合作既不同于民间非营利组织，也不同于资本类型的企业，这种模式的有效性显然最大限度地保护了所有农民的利益。

通常，合作社是一个由当地的农民与农场主自愿发起并组织起来的具有区域性的责任性企业。合作社利润高的时候，农民分到的利润就多，农民不是单纯地凭借所种植出来的产品盈利。

在荷兰这个农业高度发达的国家，很多人认识到，没有农民，就没有农产品，而农民花了最长的时间去培育那些供应到市场中的产品，却在整个供应链中没有分到相对合理的利润，这是他们无法接受的，所以他们成功地开创了新的体制。

在荷兰，农民生产的产品的数量和质量是分得最终利润的依据，所以，农民在努力生产较高品质产品的同时，还会努力地让土地高产，以实现利益最大化。

合作社在整个种植业的各个环节为农民解决所有痛点，如在选择种子、饲料、肥料、技术、农机等农民并不擅长的问题上，专业性的合作企业提供免费的技术培训、扶持指导。合作社还可以定期组织经验分享活动，于是出现这样一种常见的情况，托尔家去年的产能超过了合作社内曾经的最高数值，他要向大家分享一下他的工作经验。

若合作社的成员在托尔的帮助下提高了产能，不仅这些成员能分得更多，托尔也能将利益最大化，于是他自然十分乐于将成功经验分享出来，帮助更多的人。

正是基于联盟理论，合作社才得以产生，合作社有效地帮助了弱势的农民群体，使其摆脱了辛苦劳作却没有发言权的处境。

合作社的存在让农户不用因为这些事操心——深度加工、销售渠道、品牌经营、物流供应、包装设计，从而将注意力全部放在产能以及品质上。合作社与农民因为密切合作，在整条“完美的供应链”上都获得了最大的利益。

合作社使独立的农户联合起来，实现从弱到强的转变，这为高度发达的农业建立了集中化经营与诞生专家型品牌的基础。合作社集合基层的、最小的力量，成为令全世界瞩目的榜样。

农户通过合作社模式实现了供应链中最弱势一环的地位的转变，并将优良产品供应给了世界各国，让荷兰农业一时之间名声大噪，并影响着世界各国的农业标准。在这个基础上，荷兰的合作社机制不仅极其有效地改善了农民独立经营所带来产品品质参差不齐的问题，更极大地保证了土地效益最大化。

另外，荷兰的市场经济制度比较成熟，较强的契约意识使加入合作社的农场主较少产生短期性投机行为，尤其是该国的土地较少，农民更能意识到自身处境的劣势和集体协作的优势。农民与合作社紧密联结在一起的同时，价值规律、竞争规律还有供求规律都被有效地遵循着。

农民很少有故意违约或者不遵守信用的情况，合作社机制有效地遏制了农民明明已经有了与合作社的合约，却刻意减少供应，私下将农产品以更高价出售的情况发生。其实这一点也跟合作社成立的利益共同体有关，在乡下，谁家有多少土地，什么时候回收，产能有多少，运去哪里，其实都是一目了然的。

如果有人故意违约，比如转移产能，将农产品卖给其他销售渠道的人，那么他的声誉会受到严重影响，因为他伤害了所有人的利益。那些诚信经营、遵守合约的人也会放弃为背信弃义的人提供帮助，这时候背信弃义的行为代价其实就非常大了，是非常不值得的。

由此，农民与合作社之间相互依存的关系更加有效，二者相辅相成，合作局面越来越好。

良好的合作在建立独一无二的竞争力的同时，还提升了各自的竞争优势。合理性越强，合作的成功率就越高，各方获得的成就感、愉悦感也就更强，在这种情况下，成功就是水到渠成的事。

但现实中，有些人不具备什么解决实际问题的能力，而在批判、指点上的能力总是很强。或许你周围就有这样的人，在你想做某件事时，他们总会站出来说“这不可能成功，你别试了”，打消你心中刚刚燃起的希望。而他从来不会花一点儿时间，先了解一下你为何要做这件事情，你的计划是什么，帮助你理性分析，并得出双方认同的“此事无法成功的原因”。

他们似乎并不是故意的，但总是在看到别人处理问题时插上一脚，用自身那缺乏理性分析能力的头脑进行鲁莽、无厘头的分析，并自大地总结出自己想要的答案。尽管这些答案不是最佳答案，也不是友善的表达，当然也不是对方想听的，但他们丝毫不在乎，因为在自我封闭的内心中，他们就是那个小房间内唯一的主宰。

这些人在听说比较好的创意时，往往不是想着要如何实现，而是先从中找毛病。确实，许多好想法在一开始时往往还不成熟，但正因如此，好想法就只是好想法，它能否变成机会，完全取决于你“加入的笔墨”。如果你画艺高超，很快展现给外界的将是一幅优秀作品。

如果我们总是对创新吹毛求疵，而不是细心呵护，挖掘它的潜能，那它永远都不可能成熟。

好想法在没有人为控制的状态下，只会是一个看上去与众不同的主意。而大多数人在创建新品类战略时都会遇到这种情况，对这种情况的处理是让我们与普通人拉开差距的第一步。能否发挥好，完全取决于你是否想要获得改变，如：

①我们只是突然间有了一个好想法；

②是就此放弃，还是继续思考；

③通过领头人的激发，我们深度思考，并形成了比较完善的点子；

④ 点子似乎是可行的，执行下去可能为我们带来财富；

⑤因此我们决定尝试，随着人数的增多，投入的时间也相应增加了，大家也满怀信心；

⑥通过对点子进行分析发现，市场上还没有人这么干，我们觉得做这件事情是有意义的；

⑦于是，我们开始进一步筹备。

机会不是一刹那间自然形成并出现在你面前的，许多管理者在阅读本书后问我："他们成功怎么这么容易？"我并没有对此做出回复，因为我知道，他们对于系列丛书的阅读可能存在断层，对成功形成了一种误解，也就是说，他们遗漏了其他几本书中所阐述的"成功的线索"，这就造成了认知上的断层。所有做对了的事情都有许多前置条件，我们必须先具备这些前置条件，才能顺利进入下一关口。

走出去，与更多专业的人、能为我们提供帮助的人接触，才能获取更多有价值的线索，从而绕过那些险阻、坎坷，并顺利打开宝箱。这中间需要经历不少的事情，尽管我们看到"比我差的人都成功了"，但其实"差"与"强"之间并没有直接的关联，有的只是在做对事情之后的结果。

开创新品类或许只是多元化经营企业的管理者实现经济上的成功、满足增长欲望的一种方法而已。基于多元化发展的特点，企业是不可能将新品类战略视作唯一方法来使用的，这些企业最关心的只是赚多少、什么时候赚得更多，而不是竞争优势、市场地位、溢价空间等核心问题。

而对于专家型品牌而言，开创新品类是其获取收入的唯一方法，他们自然会在这上面花费大量的时间跟精力，并给予新品类方方面面的呵护。企业知道，新品类发展的好坏，直接影响着自己未来到底是“吃肉”还是“喝汤”。当然，新品类发展也影响着所有利益相关者对企业持什么态度，这种态度不可小觑，正是因为利益相关者的存在，企业才能成为一股强大的力量。

第3节

新品类战略与新品类

新品类战略相对于新品类而言，更像是长辈，它几乎总是以一个母单元的形式出现，而新品类更像是一个子业务单元。看看宝洁我们就会发现，它作为品牌教父，所采用的就是品类战略。这家企业的战略涉及了数十个全球知名品牌，每个品牌统领着一个品类市场。对于没有那么多品类的中小企业而言，将这种战略称为新品类战略明显是更为贴切的，在企业经营品类不多，又高度专业化的时候，新品类的一切，就是企业的一切。它应该被视为品牌能发挥最大发展潜力的前提，如果品类运营得好，品牌未来的发展就会是一片光明。在将开创新品类作为企业主要的经营方针时，一切都应该以新品类的最优发展作为前提条件。

既然已经明确了新品类只是一个子业务单元，而新品类战略是母单元，那么企业管理者就有必要用母单元来带动子单元的发展，因为缺乏母单元的基础，子单元几乎是单枪匹马。想让新品类怎么发展，有时候只是企业管理者临时做出的决定，并不是有战略“先行探路”。在符合条件的情况下，新品类才能获得合理、有序的发展，尤其是在新品类极度弱小的时候，缺乏长远性的布局，管理者的一时不慎，就有可能让新品类暴露在危险之中，并随时夭折。只有有效的战略才具有长远性，它就像一座巍峨的大山，许多不熟悉它的人，只能看到它的神态，却不能真正接近。但现实中，对于那些登山经验丰富的人而言，它已经被探索过无数次，并没有人们想象中的那么神秘；相反，它很普通，也没有站在远处的人眼中的那样难以“征服”。

制定新品类战略的难度完全不亚于寻找品类价值，其间我们会面临许多需要解决的难题，这些我会在后续出版的图书中，以不一样的视角进行分析。

新品类战略这一重要概念的出现较晚于品类价值，人们对它的了解还不多，即便是咨询业内的人，也同样如此。除了本书提到新品类战略，目前还没有其他著作专门阐述新品类战略，这也使本书的写作遭遇了许多难以突破的难题，我只能用一些笨功夫：细致地总结相关的项目经验，用心体会。

实际上，许多“能说会道”的人在为企业制定战略时，其实还是沿用传统手法，如企业战略、品牌战略、业务战略，甚至是换汤不换药，随意套上一些热词而产生新的概念，如平台战略、赋能战略等。这些人制造出来的往往不是对企业真正有帮助的指导性方法，而是麻烦。这些东西用来糊弄一些对新品类战略不是很了解的企业管理者，倒是有效果的，但对于那些真正掌握商战精髓、需要独一无二的新品类战略的企业而言，是完全没有任何用处的。

找到一个人帮助自己制定真正有效的新品类战略，对于企业而言，具有十分重要的意义。因为对于那些从未有过商战经验的企业而言，若没有外界的影响，是很难在内部自然产生这类人才的。如果企业在这个时候能够意识到这个问题，并积极推动解决问题，就很有可能改变现状。

企业应该将大部分的关注点放在集思广益所总结出来的问题上。这些问题必然需要合适的人员来处理，所以找到能够真正识别、解决这些问题的人，至关重要。虽然这些问题往往会落在最高层领导者身上，但许多中小企业的最高领导者也是第一次创业，往往从未遇到过这些问题。对于这些棘手的问题，他们也与普通人无异，并不知道怎么处理。对于这一点，我们应该实事求是，而不是鲁莽硬上，如果觉得自己比谁都强，什么都能解决，就很容易把原本有发展前景的企业带入困境。

那么如何解决呢？只有先打破僵局，让手上的牌通过裁判的影响被有序地分配。许多企业会在内部呼吁、号召，或者通过公平分配、抽调的方式开展这一关乎企业未来的重要工作。其实这只是管理者所能想到的最为快速、节省成本、看似有效的应对之策，对于诞生商战人才是没有太大效果的，因为这只是从不擅长做这件事的一群人中找人才，而不是去找到最佳处理方法。

这导致企业以错误的方式迈出了第一步，那么接下来的每一步都不可能朝着正确的方向发展。这样的方法给选拔出来的负责人带来了巨大的精神压力，因为负责人觉得自己似乎承担了企业的梦想，而企业也在有意无意地对他们进行诸多暗示，告诉他们如果能把事情做好，他们将可能得到什么奖励，而从来没有谈到，做不好意味着什么，是回到原先的岗位上，还是就此离开。这不免让负责人在充满希望的同时，又提心吊胆，产生了许多潜在压力。

负责人在接下任务后，往往会担心自己做不好，所以可能在明明需要大刀阔斧的时候，因为缺乏足够的经验而无法促成改革。即便是日常的推进性工作，也很有可能无法得到团队成员的认同。负责人的辛苦付出不能够获得认可，他本人也得不到团队的支持，这在打压负责人信心的同时，也为企业培养商战人才加大了难度。

有时候，过多的对负责人成果的否定，是管理层的纵容引起的。管理层潜意识中觉得否定是对负责人的一种鞭策，可以让负责人获得更多的成长。有时候管理层也会对负责人产生怀疑，觉得已经让负责人专门去做这件事，却没有见到成效，这是负责人能力上的问题，而完全没有考虑到他孤军难立的实际情况。同时，负责人的水平已经得到了提升，而其他人还原地踏步时，可能有一部分人会产生嫉妒心理，导致负责人受到排挤。这不免让负责人更加束手束脚了，尤其是当企业管理层对其产生怀疑或没有发自内心地给予其支持时。

改革性的工作确实与企业内部的那些基础性的工作存在本质的区别，需要从无到有地建立起一系列的有效根据，只有这样才能被最高层领导人信服。而对于大部分企业而言，匆忙之间启动新项目，其实是没有阶段性的评判标准的。在很多企业管理者眼中，只存在有效与无效，他们往往要求越快越好，而没有考虑到他们其实需要的是最佳结果，企业也是受惠于最佳结果的，并为最佳结果而买单。很多人由于缺乏对这一过程的认知，只想立竿见影，他们根本没有考虑，自己是否也应该与时俱进，与他人共同成长，才能跟得上负责人的脚步。

在知识严重匮乏的企业，要想让负责人按照企业的不切实际的想法快速做出成果，几乎是不可能的。企业错误的理解，加上缺乏产生战略人才的环境，是导致项目发展无果的最重要原因。而负责人只是企业错误决策的一个牺牲者，他没有什么错误；如果一定要说有错，唯一的错就是当他被选中时没有明智地拒绝。

第4节

商战人才的培育

企业以一种欠缺思考的方式，制定了一个有失妥当的决策，最终造成了无效的结果，这种情况我经常遇到。出现这种情况的企业虽然聘请了专家，却往往出现下面这些情况：

①花了大价钱培养的战略人才，用了几个月的时间，连谁是主要对手都没有分析出来，而企业似乎只顾着“请进来”，却不知道要如何进行配合；

②被企业认为潜力无限的某领域的战略人才，为了生存下去，竟然附和企业做着一些提高运营效益方面的工作，“大钱小用”的同时“大材小用”；

③让人搞不清楚究竟在做什么的“专家”，每天都很忙碌，但是对于什么时候能产生经营成果，他们却闪烁其词；

④这些“战略人才”在就职后，始终无法为所在企业进行清晰的定位规划，只会一直说企业缺少这个，欠缺那个。

一些不作为的咨询专家是否发挥了作用，要看他已经为品类挖掘出了多少品类价值，且是否能说出令人信服且有效的依据，要看他带领企业将信任状、视觉锤、语言钉等的补充工作做到哪个阶段了。

其实对于标准的商战人才来说，这些都是必不可少的工作，这些工作有助于对竞争中问题的快速分析、快速判断、快速响应、快速解决。如果这些工作不能正常实施，一定会延误企业的发展。

如果遇到不作为的咨询专家，我们的关注重心应该放在——如何将其请出公司，并寻找真正能够解决问题的人。尽管这样做的代价有时候比改变现状要小，但管理层会碍于情面，不愿意以解决问题作为决策的唯一依据，因为他们害怕在处理这些问题时别人对他们能力的否认。

如果我们更深入地思考这个问题，就很有可能将问题升级，让人们发现这类自私利己的管理者其实与江湖骗子在本质上无异。很多企业都存在这样的人，他们藏在企业的机体内部，不断啃食，直到吃得什么都不剩，才会转移到其他生命机体。我们也可以将他们的生存技巧理解为——讨好最高层，跟基层打成一片。

虽然如此，我们还是需要保持清醒的头脑去思考这些问题，尤其是思考如果这些问题不解决，对企业来说意味着什么，接下来将面临什么难题。在所有的问题背后，我们应该看到——企业对于这类人的纵容、包庇，当然也有由此反映出来的些许无能。

在揭示这些问题的时候，许多企业管理者曾私下问我，既然事情已经发生了，我们该怎么办？

我的建议自然是以企业的利益为重，当断则断会是最好的方式，多想、犹豫不决都会进一步对组织造成伤害，同时让利益相关者看到企业的衰弱。维持现状除了打击企业士气之外，并没有什么好处。

有时候企业的高层管理者或许连自己都不清楚为什么要做这件事，这个岗位存在的意义到底是什么，或许是时间太久了，或许是不愿意想起这些“污点”。但我知道，企业是想通过节省成本的方式去完美地解决那些难以解决的问题。

我一开始就知道，这几乎是不可能的事情，因为这些问题对于企业而言，绝对不是一朝一夕能够解决的。但有很多企业表示，它们曾经用“失败的方式”获得了成功，这不是什么经验，反而对其他企业来说是存在误导性的，究竟投入了多少资源，用了多长的时间，这些都是重要的因素，不考虑这些就是在避重就轻。因为我不相信不付出一定的代价，就能解决“商战”这一大难题。

企业没有考虑“如果失败会怎么样”，想到的不过是“这样代价更低”。实际上在负责人被选拔出来时，企业不具备培养他的条件，在一个完全不熟悉新领域的企业中，负责人怎么可能从这个组织内吸取足够的养分而获得成长呢？当然也有企业反驳：我们就是因为自己不具备这方面的能力，才会自行培养。

如果企业想在内部培育一个能解决商战问题的人，不应该是“一对一”培育的，相反，应该基于“概率性选拔”。也就是说，我们不应该为了培养一个人而“培养一个人”，而应该为了培养一个人而“先培养出一群人”，并从中找到真正能够为企业提供服务的那个人。

在我看来，有些企业领导人的思考是不完善的，尤其是在解决阶段性问题时，很有可能会因为只思考了40%的问题而得出错误的结论。例如企业已经有了一定的战略基础条件（当然，具备战略基础条件必须是通过客观分析得出的，而不是“自以为是”），那么这时候企业在符合培养条件的基础上，才能动手开展有序的培养计划，这样做是为了保持工作的完整性。

只看到40%的问题，能获得的最多也只有40%的成果。其实，40%的成果已经不能算是成果，只是问题的延伸罢了。

类似的情况大部分管理者都会在日常工作中遇到，只是没有去发现它、关注它及控制它。但它以隐藏性的特质伴随在我们身边，同时影响着我们的决策。

正确的做法是，企业在需要培养战略人才的时候，为自己留出充足的时间，用以缓冲。如果管理者一时之间做出决定，并着手实施，只能是以草率的行为作为开头，并带来糟糕的结尾。

商战人才绝非偶然诞生在企业内部的，而需要依托良好的环境，通过引导式的学习来实现迅速成长。

想要让商战人才最终为企业服务，就需要有一个局外人站在公正的立场上主持这场速度竞赛，因为速度的快慢会决定企业在关键时候能否抓住重要机会。

商战人才的贡献，可以让企业以短期如两三年的努力，避免未来十几年的辛苦发展。当然在这个时候，企业与商战人才并不是对立关系，相反，二者之间很快会形成紧密的合作关系，而这一切都取决于“裁判的大手”。

一个公正的裁判能够为企业与商战人才处理大部分外部市场上的事情，当然，其作用远不止如此。他更像是一个好老师，能够细心地让战略人才充分了解企业与品类竞争的微妙关系，如何通过品类竞争获得成功，如何轻松地打倒竞争对手。这些都是有相应的理论知识的，而这些理论知识会在双方接触的过程中，让商战人才充分地吸收到足够的养分。当然商战人才的培养还包括很多课程学习、考试、总结、评价。这一流程走下来，其实要花费数年的时间。

欲速则不达，想要在短期内快速学习理论知识的人是很难学习到战略的精髓的。正因如此，我在为企业提供咨询服务时，秉持的理念是——每一期的咨询费用能少收就少收，但服务总时间尽可能延长，这样才能真正地帮助企业。

“速效课程”是没用的，无法为企业带来本质上的变化，向企业推销

“速效课程”对企业是不公平的。咨询市场上还有一种模式是，咨询公司让企业先购买“体验课程”，当然其最终的目的大多是获取经济利益，这种销售模式，也算是一种同质化产品。我们不能指望通过几天的课程，就学习到一个人积累了十几年的知识，这是不现实的。

这绝不是“师傅领进门、修行靠个人”的事情，一个好老师，就如同一所有价值的学校，不是一股脑儿地把知识塞进学生的脑袋，而是日复一日地传道与熏陶，在传授知识的同时培养学生的综合素质。

通常老师首先会带领商战人才熟悉企业内部的环境。在未学习相关知识时，我们只能以普通人的眼界去看自己认知范围内的事情，但学习之后就不同了，不仅在认知上会有质的飞跃，能力也会提升，看问题的眼光更加“毒辣”，几乎一眼就能看到企业内“最高明”与“最糟糕”的事情，尽管这些事情平时连最高层管理者和最老的员工都不一定能发现得了。这就犹如练就了火眼金睛，任何可能给企业带来伤害的妖魔鬼怪，都会消失在棍棒之下。

对于商战人才来说，最有价值的莫过于学习适应外部市场、控制外部市场、建立企业竞争优势、寻找品类价值、促进新品类战略形成等。将这些知识和能力运用于企业发展中，会使企业在强壮骨骼的同时练就一身肌肉，软化血管，提升免疫力，在治愈多项“基础病”的同时，恢复年轻态。当然还有许多外部市场上的工作，都是需要商战人才去应对的，这绝不是几个业余的人能做得了的。

在商战人才把事情做对，且裁判也觉得正确的时候，企业应该给予商战人才一定的肯定与奖励；当商战人才犯错的时候，裁判可以及时“刹车”，让企业免于失败。

在缺乏第三方视角的企业中，对于究竟哪些事情做对了，哪件事情做对了一半，哪件事情有可能引发危机，没有明确的判断标准，也没人能给出令人信服的答案。很多时候企业内的中基层人员完全无法理解企业高层管理者的一些经营安排，他们困惑：明明看起来是对的，怎么突然被叫停了？明眼人看上去是错误的，又是如何开始的？这种现象往往造成混乱的局面，因此企业的一些工作内容需要有具体的考核标准，并且商战人才的“作战水平”与企业高层管理者的决策也应该被纳入考核。奖惩合理、松弛有度、机制透明的体系，才能诞生战略人才，留住战略人才。

依托新品类发展，通过挖掘、识别、占据品类价值而获得成功，这是企业持续盈利的最有效方法。

但是如果缺乏关于外部市场的经营指导，企业在关键决策上就很有可能陷入思维的混乱，进而产生一系列看似正确、实则错误的行为，在伤害市场的同时，也伤害了自己。

如何能拥有一套战略为新品类活动、为企业发展创建高度一致的经营策略，为在外部市场建立专家化品牌提供最大的帮助，这在缺乏“裁判”与商战人才的企业中，是迫切需要解决的。

我们不能总是把重心放在内部，内部是无法诞生战略的。而缺乏新品类战略的指引，专家型品牌也很有可能会因为缺乏统一的指挥、缺乏高度一致性而产生多元化、低价销售的倾向。因为没有应对外部市场中复杂问题、陷阱、强大敌人的经验，企业根本不知道该怎么处理相关的问题。尤其是在经济下行的时候，我们要怎么做？接下来我们应该去哪？竞争对手出现我们该怎么反击？这个阶段是否要扩大发展势能？这些问题就更加令人头疼了。

过度地关注节省成本，必然会造成原本应该做的事情没有做，而企业又将注意力放在错误的地方，进一步为企业带来更大的伤害；而原本应该做的事情，却因为得不到资源而变得不具备任何价值了。我们在想要获得最佳处理方法的同时，也必然要给予足够的支持和投入，想要回报却不付出，是根本不现实的。

比如，想在家里享用一顿丰盛的晚餐，就必须要付出很多时间和精力，尤其是对于不擅长做饭的人来说，需要处理的事情太多：什么时间去买菜，什么时间开始备菜，什么时间起锅，菜品分量如何控制……而且，享受晚餐后，必须花上一些时间去好好收拾厨房。

除非我们已经想好了，否则就不要轻易启程，因为这不是儿戏。

第5节

代替竞争对手进行自我升级

从每一年的《财富》世界500强名单中，我们会发现，有一些品牌从前一年的名单中消失了，这很可能代表着一个品类的消亡，就像是一颗曾经高挂在夜空中的闪亮的明星，在某一刻悄无声息地陨落了。这种情况在企业还没有做好准备之时，只能被理解为一个危机，虽然企业内部充满了消极、自责、无奈的情绪，却无法让结果有任何的改变。与其相反的是，那些早已做好准备迎接新未来的企业，此刻却十分轻松，当一切早已在意料之中，等待一个品类的消亡，要做的只是当一名好观众。

而对于已经知道接下来的日子或许会更好的企业来说，品类的来临与品类的退场只不过是“弥补空缺”与“留出空缺”的常规现象，这只是获得经济增长的主要方法。在高速发展的企业中，大概每隔几年，就会有类似的一幕发生。对于已经熟悉了商战规则的人而言，他们努力的方向就是不断地发现更强大的品类，为己所用，作为未来主要的收入来源。

所以，不必为既有品类的逝去而消沉，既有品类记录了我们曾经的努力，它的逝去代表着另一个王者品类的到来。对于高速发展的企业而言，明天的成功才是最重要的，我们要积极地整装启程，好早点看到朝阳缓慢升起时的那一抹红晕。

在商战中，有一种非常高超的手段，被我称为“代替竞争对手进行自我升级”。运用这种方法的企业，通常在经营上充满雄心壮志，它们会以“长期称霸一个品类”作为经营的动力，去带动品牌朝着专家型品牌的方向发展。

这类企业对理论的应用能力通常比一般企业高出许多，这也是它们在逐步壮大自己时，总能获得最多资源的主要原因之一。

它们总觉得处于巅峰只是短暂的，如果没有危机感，优势很快就会丧失，并且离自己越来越远，所以它们始终保持着对品类竞争的敏锐感知，不断地分析所获取的“情报”，并试图找出“隐藏在人群中的敌人与危险”，从而确保自己始终处于安全范围。

这类企业通常在获得短暂休息的同时，就计划新一轮的启程，几乎是马不停蹄，这确实是保障安全最有效的方式，因为长时间暴露在不熟悉的野外环境中，如果放松戒备，很容易遭受周边的潜在攻击。唯有让自己保持高速运转的状态，并时刻戒备，对手才找不到我们的弱点，而防守上的滴水不漏，几乎做到了不给对手留一丁点儿的机会。

这类企业认为时间与优势是直接挂钩的，如果时间拖得太久，优势就很容易丧失。既然如此，只要对时间把控到位，优势就有可能始终伴随自己。这种想法是完全正确的，这类企业也充分地将思想高度一致地融入企业的日常经营中，坚持将自己视为另一个竞争对手，在此基础上，不断地否定自己、强化自己，并每时每刻都在与自己抗争。

在这种情况下，这类企业通常是很难被竞争对手打败的，除非其放弃这一策略，并让对手找出了弱点，否则，“好运”会一直为其开路。当然，这种高强度的理性与谨慎是一般企业难以具备的。一般企业会因为一小阶段的胜利而忘记自己远大的目标，在该做出取舍的时候，却犹豫不决，不愿意做出任何牺牲，所以往往会落得失败的结局。

商战中充满戏剧性的一幕是：有人因为丢了饭碗而不敢回家，而有人大鱼大肉饱餐一顿后，正打算拿出点时间外出旅游。每个人的状态都写在了脸上，不管你是失落还是得意，太阳都照常升起。而我们如何也能像太阳一样，雷打不动地按时升起，为企业不断带来光明，这就是我们在商战中需要持之以恒学习的东西了。

一个品类的消亡，也意味着企业的解散、员工的失业、投资人的资金打了水漂，甚至政府还要出面解决后续的问题。突然之间的垮台，让原本忙碌的办公室一时之间变得鸦雀无声，而对于管理者而言，事业失败带来的一切痛苦、惆怅，或许只有自己才能真正体会。或许接下来的问题更加严峻，如对那些曾经站在品类顶峰的管理者而言，未来需要做什么，怎么做，自己是谁，都是沉重的问题。失败对于一个人的打击是非常大的，尤其是精神上的打击，如果我们可以在此基础上抱有信心，也许就有机会再次崛起。

品类之战，由一个新的品类战胜并取代那些既有品类、同质化产品、低价产品而宣告结束。当然，观战的人还能从不同的角度看到，一场旷日持久的大战之后，并非只有胜利的喜悦，还有失败的惨痛，以及战败者所要面临的令人惊愕的损失。

这一切，假如我们能提早发现，或许会迎来转机。当然，转机的出现只能在未彻底失败之前，而不是失败之后。因为在未彻底失败之前，只要不将资源耗光，求生的欲望会让我们找到改变企业命运的方法，而对胜利的向往也会燃起熊熊火焰，为我们驱赶周围的寒冷，让我们获得重生的机会。

胜败是商业竞争中的常事，面对复杂的局势，商人需要凭借高速运转的头脑，权衡利弊，才能通过“创势”“造势”“得势”而扭转局势。

如果面对复杂局势采取的手段是直接（降价）、实在（利润微薄）、简单（没有技术含量），企业将无法持续经营下去，何谈养活自己、建功立业呢?

商战是残酷的，或许不善于斗争、不了解商战的人并不认同这一点，他们会觉得这与他们所想的“美好事实”是相反的。但实际上，生意就是这么做的，如果你想获得足够多的生意，就要拿起商战武器。商战的结果无非两种：你将自己的优势发挥出来，并让人们相信你，胜利就会向你招手；而如果你不善于发挥优势，等待你的就只有失败，胜利必然是与你无缘的。

你的不认同或者反对根本不会影响事情的发展走向，除非你已经达到了足够的高度，比如拥有品类中的领导品牌，并拥有品类中超过 60% 的市场份额。否则，面对一切不合理，我们唯有低头，承认自身在面对现实时仍需小心谨慎，并在此基础上继续努力、继续学习，想太多其他无关乎结果的事情，只是徒增白发罢了。

有些获胜者的手段并不光彩，这或许会让你感到愤愤不平，但其实，当你无路可走、无路可选的时候，这种气愤是改变不了什么的，要么被饿死，要么拿起武器捍卫自己的权益，除此之外别无选择。

纯粹虽然是好的，但是过于纯粹，则会让你在复杂多变的战场中显得能力不足。这样是很难在尔虞我诈、手段尽出的商业竞争中建立起一个属于自己的王者品牌的。

对于一些在商战中失败的企业，过去已经成为现实，但这也应该成为被迅速翻阅过去的篇章，尽管这段经历为我们带来了经济上的损失与思想上的挫折，但我们还拥有未来的空间，例如，寻找一个品类机会，并重新运用知识的力量，好好地将之前所损失的连本带利地赚回来，这才是我们需要着手去做的事情。

走过的路起码已经告诉我们，这条路确实行不通。虽然损失无法挽回，但至少接下来的路会藏着那些胜利的机会，我们需要就此进行深度挖掘，探寻到那些胜利的机会与无人涉足的市场，并避开危险，就有可能顺利地回归成功的道路。

所以在这个时候只要，不轻易言败，无论你现在面临的是同质化、多元化，还是在既有品类中失利，只要事业还未停止，生命还一息尚存，一切就存在转机。我们可以用一年的时间经历许多事情，同样可以用一年的时间去挽回损失。

第6节

放下，再寻找方法论

先走出去，逃离办公室的禁锢，远离纷扰，做点让自己放松的事情，成功地将思想解放，摒弃思维定式，并把放在失败上的注意力转移到别处。

这是我应对压力常用的一个方法，每次都对我帮助很大。因为我平常的工作量有些超负荷，所以除了办公时间我待在办公室里，其他时间我会选择去户外走走或者直接回农村老家。回家的路上，大脑不会再高速运转，身心都是放松的，不禁想，如果总是这样，那该多好。这其实就是一个人外在压力过大的一种反映。

在乡下，我会把所有的压力、工作思绪全部放下，专心去做那些可以让我足够放松的事情：爬山登顶泡茶、千年古城的午后漫步、在溪流边发呆、烧柴火取暖、去菜地除草、坐在门口晒太阳，这些都是平时在城市里有心却没时间做的事情。

几乎每个时间段回去，我都有事情可做：一月赏风铃花，二月吃枇杷，三月赏桃花，四月吃李子，五月采桃金娘，六月吃荔枝，七月吃芭乐，八月吃龙眼，九月吃柚子，十月看枫叶，十一月吃橘子，十二月赏梅。一年四季，每个月都能看到不一样的景色，尝到不同的风味，就如同我在接不同的新品类项目时，每一次都意味着全新的挑战。

所以这也是我习惯待在农村老家的原因，在乡下的生活，一切供给都得依靠自己，这更给人一种踏实的生活感觉，是我获取工作思路的基础，也是我坚定地做出一点儿成就的能量来源。

让生活在“过于放松”与“过于紧绷”之间切换，我总是乐此不疲。因为行为与精神上的高度契合，我也获得了现实中的怡然自得。每次回去，看似偷懒的行为，其实却是“将电池放空”与“再次为电池蓄满电”的一个短暂过程。

有时候我也会邀请项目方的人员来老家，以东道主的身份带他们去看看这世间的一方美好，也帮助他们缓解工作中的压力。唯有一心一意，将所有的未来想做的事情，缩减为一件，并把这一件事情做好，未来才能去做更多的事情。

虽然在农村的休息，在有些职场精英来看，是无聊的，耗费时间，但事实上，每一个普通人都是这么生活的，一天三顿粗茶淡饭，也可以过得颇为知足。

在许多人看来，只是服务于一种品类价值，并开创一个品类，无法体现出自己所有的能力，因为他们觉得自己能力超群，只是暂时没有成功而已。而在这种觉得自己随时都会成功的状态下，结果却只是让自以为正确的想法消耗自己的时间与精力。事实上，在一开始时就打算大刀阔斧去实现那些说不清、道不明、摸不着、寻不到的伟大宏图的人，有九成以上都因为目标定得过高，能力没有跟上，而最终未能成事，沦落为他们在平日里看不起的“普通人”。或许在他们看来，自己确实与众不同，而且能力出众。实际上，大多数人都是这么看待自身的，但是在市场竞争中，与众不同并不会改变什么，唯有方法上的与众不同，才能在商战中真正发挥作用。

把始终围绕着失败的注意力与思维定式在建立新目标之前就彻底清除，这对我们开创新的事业是有很大帮助的，因为这样我们就能以全新的状态去迎接新的事业。行为上的改变，完全来源于顽强的意志。这有益于我们带着新的身份、与之前有所不同的眼界去制定新计划。我们已经知道重新开始的第一步，就是意志上的改变，下一步必须是行为配合。如农村里家徒四壁、一贫如洗的家庭，也是通过逐步的努力变得富裕。而这一切，都需要从第一步开始。

所以，管理者要把所有的时间与注意力转化为专注力，放在为自己寻找一个具有差异化的品类价值上，并打造一个专家型品牌，这是一件关乎企业持续盈利的重要事情。哪怕是在农村，一个人如果不专业，也会没活儿干、没饭吃，很难获得良好的待遇和地位，在商业竞争中同样如此。

如果我们能将这些道理充分地融入未来的工作中，经营理念就会发生质的转变，尤其是，我们就知道第一步应该怎么做了：砍掉虽然投资很大，但确实无法带来盈利的产品；把所有的资源挪到一个最有希望的品牌上；树立未来三年的目标，例如核心品牌的收益必须超过品类平均利润。这些都可以有效地帮助我们形成正确的经营思维与信心，本书中已经提供了许多方法，可直接用于现实中，对企业改善经营状况提供帮助。

既然回到过去已经成为不可能的事情，我们就应该着眼于“有效的未来”；如果我们还有力气拼搏，也愿意拼搏，就带上好心情，开拓一个全新的市场，让它来诠释“生命”的力量有多强大。

顾客虽然会对既有品类的消亡、产业的覆灭及就业环境的恶劣表示遗憾，但也会为新品类的诞生感到欢喜，或许是新品类的到来冲淡了既有品类消亡带来的悲伤，或许是一场战争的结束意味着一个新国家的成立，人们对旧国家的无能表示无可奈何。

如果掌握原理，当第一次遭遇商战时就能从中领悟到原理的精髓，就会坚定自己所学的东西，因为我们已经深刻地理解原理的真实性、实践性。这就如同一个人只有吃过亏、受到过伤害，才能理解为何伤害会带来苦痛与挫败。有些人在商战中初获成功，就觉得自己所向披靡、无人能敌，或许当无法克服的困难阻挡在面前时，他们才能清晰地意识到原理的重要性，才会痛下决心好好学习。

曾经受过伤害的人，他们深知苦痛与挫败会让自己难受，所以会尽量避免让自己再次遭受伤害，从而把自己“进化”得更加聪明，更能适应环境。我们需要时刻观察周边的情况，不仅是企业内部发生的一些事情，还有外部市场发生的一些非偶然性事件。唯有亲眼看到别人是怎么经历苦痛与挫败、走向消亡的，才能更好地理解商战。而那些对别人因违背原理而失败的事情漠不关心的人，可能无法充分地理解缘由，或者是认为他人对于原理的违背不可能发生在自己身上，但结果很有可能是让相同的一幕在自己身上上演。

不熟悉原理或者否定原理的人，他们不一定是粗心大意的，但他们确实是高傲、无知的。不愿意去充分理解已经存在的方法，藐视这些方法，会令自己在品类竞争中横冲直撞，碰得头破血流。对于他们而言，即使已经有了例证，也可能是毫无用处的。有些企业已经目睹了品类中一些品牌（和自己的实力、条件相差不多）遭遇了失败，却丝毫没有重视这一现象，没有分析背后的原因。

低估品类竞争作用的企业，在未来的商业竞争中，必然会因为不知道采取什么方式，不知道采取什么方法而无法建立自己的优势，从而沦落为一个不入流的小公司。

运用新品类战略，是无法通过修修补补就对缺陷进行处理的，如果我们不知道如何做出最佳的决策，新品类活动需要做哪些事情，那管理者如何在品类战争中取得胜利呢？

第7节

正确认识新品类战略

面对一个全新的领域，企业管理者必须知道我们不可能了解有关该领域的全部知识。如果管理者坚信多元化、同质化，以自己有限的才能去应对无限复杂的商业竞争，这将是非常令人担忧的。管理企业，更像是学习理论，我们在书中看到的例证越真实，所得出的结论就越可靠，我们学到理论后，在应对危险时就更加从容，不会因拘泥在有限的知识中而无法对竞争进行响应。

对于管理原理，我相信早已有书籍进行了大量论证，供我们参考使用。而我们唯一需要做的事情，就是沿用有效、可靠的方法，逐步实施。将那些我们可能经历失败的地方标记为“危险区域”，让自己避免陷入“死亡泥沼”，而在剩余的地方找到充满机会的区域，并识别出与企业当下发展相符合的因素，企业就有可能步步攀升。

不得不说的是，新品类战略近几年变化的速度，已经超过了当下企业管理者做出反应、做出决策的速度。随着新品类战略使用范围的不断拓宽，国内诸多中小企业摒弃了同质化发展这条以往被视为最轻松、最简单、走的人最多的道路，走上了以往只有大企业才能选择的专业化道路，甚至在所在品类中拥有几十分之一市场份额的情况下，净利润已经稳稳地超过了许多孱弱不堪的大企业。

正确地认识和理解新品类战略具有十分重要的意义，因为随着竞争的加剧，运用新品类战略与开创新品类活动已经成为中小企业应对商战的最有效的方法，这已经在现实中得到了大量验证。所以这也是我喜欢为品类理论穿上合适的衣服的原因，让它足够自信、有效，并具有现在大部分企业能接受的审美风格。因为它灵动、充满生机的样子，会令繁忙的中小企业管理者更容易接受。

不了解品类差异化、品类价值，会让企业在所处的环境中呈现出不稳定的状态，因为它们的品牌处于品类最底层，提供众多“没什么特点”的产品，这类企业往往是广阔无垠的大海当中毫不起眼的小鱼。它们只知道顾客的选择是基于产品价格更低、广告投放更多，最终只能被打造差异化品牌的企业打败。

所以，我始终强调品牌必须具有品类差异化，并占据品类价值，只有这样，产品与服务才能拥有溢价空间，溢价空间使其比“没什么特点”类型的产品的净利润高出数倍，具有品类价值的品牌每卖出一件产品所获得的净利润，“没什么特点”品牌需要卖出数件产品才能获得。

“没什么特点”品牌因为对品类竞争的理解不够充分，只能不断地在企业内部进行成本控制、利润压缩、部门精简等工作，在这种环境下，企业自然是没办法有太多作为的。因为用错误的方式作为开端，吸引过来的顾客也会过度关注品牌在价格上的优势，让企业在疲于应付的同时，明明卖出去的货很多，却赚不到什么钱。这些企业自然会因为收入低、不敢投入资源，从而不敢大刀阔斧地踏入那些有可能为自己带来新机会的市场。

发现同质化路线为企业带来危害后，我们应该如何应对？或许我们就应该这样思考了：留给我们的还有多少时间、资源？能不能扭转局势，建立新机会市场?

其实，同质化的发展路线会在企业发展的不同时期造成不同程度的伤害，这种伤害往往是持续性的，会呈现星火燎原式的扩散：一开始，火势微弱，我们潜意识里觉得哪怕火势扩大，泥沼、湖泊也能成功阻挡火势的蔓延；随着注意力的分散，狂风卷起，火势越来越大，无法控制，茫茫无际的草原很快被灰烬覆盖。虽然草原被烧后会逐渐恢复，但原先的生态平衡已经被破坏，那些原本对草原有益的生物都被毁灭，而草原的恢复往往也需要数年甚至更长的时间。

此前我参与的一项调查研究发现，从 2019 年开始，国内 85% 以上的企业破产形势会在不同时间段表现出来，企业在发现重大危机并迅速进入破产时的“响应阶段”才意识到，其中包含以下这几个阶段：

① 32% 以上的破产在企业进行“财务状况分析”时，才被发现；

② 19% 以上的破产在企业遇到“支付能力问题”时，才被发现；

③ 16% 以上的破产在企业进行“产品线分析”时，才被发现；

④ 12% 以上的破产在企业进行“多元化分析”时，才被发现；

⑤ 9% 以上的破产在企业进行“同质化分析”时，才被发现；

⑥ 8% 以上的破产在企业“最后的 6 个月”开始时，才被发现；

⑦ 4% 以上的破产在企业“最后的 3 个月”开始时，才被发现。

这个结果告诉我们，当一些迹象呈现在我们面前的时候，企业的残败几乎已经成为定局，而通常这种定局是很难改变的，除非我们能够在破产前顺利找到新的资金来源。

企业破产的原因几乎是五花八门的，比如利润太低，顾客不买单，在所在品类中没有优势，或者是更为具体的，如多元化投资导致财务问题，在对应领域因为技术落后而收入大幅度降低，在各个领域中遇到了专家型品牌的袭击。破产意味着在短期内，品牌因企业的经营不善而消失在外部市场中，对应的品类价值也将逐渐丧失生机。

也就是说，占比 32% 的情况，并不是独立出现的，也不是偶然形成的，已经是一种必然发生的结果，在这个必然发生的结果背后，有许多令人难以理解的现象。比如，那些看似很强大的企业，每个品类领域都有它的影子，几乎是某一个地区的支柱，为何看上去的形象与真实实力会出现如此大的反差。其实问题的产生，是因为缺乏对整体战略的思考，以及对经营理念持有不恰当的认知。

还有另外一个原因是管理层与外部市场之间出现了严重的断层，这个断层并不是在短期内形成的，恰恰相反，应该是已经持续了很长一段时间，尤其体现在主要业务与辅助业务之间划分得不够清晰，出现资源分配上的不平等，才导致企业不断朝着弱势的方向发展。

同时，企业还可能存在下述的问题。没有及时提升主要品牌应该具有的市场价值，还是以临时决策为准，来应对外部市场上的严酷局面；在原本占据领先地位的主要业务上，因为焦点的分散，不断地被竞争对手超越；将剩余的大部分注意力放在辅助业务上，过度消耗企业的珍贵资源，又没有产生具体的效果。随着时间的推移，企业在主要业务上没有获得足够的回报，而在辅助业务上又不断亏损，企业发展难以维持。简单地说，就是在高回报的市场中没有投入足够的关注，而不断地将关注点放在那些满足私欲的低回报业务中，试图通过做那些自身不擅长的事情来彰显能力出众、与众不同。但是最主要的一点莫过于，企业内部因为缺乏系统性循环，预警声无法及时响起，最终酿成失败的结局。

这些企业在面临破产的时候，往往是下意识地做出以下回应：粗暴的成本降低、大幅度削减人员、停业整顿、剥离最值钱的业务……其实这一切，本可以通过塑造专业化品牌及与自身特点相符的战略，服务于一个品类价值的市场而避免。但它们不愿意承认现实，只想着大量制造产品、跨领域发展等办法，并做着自己不擅长的、无效的事情。

这就犹如一座富丽堂皇的殿堂，尽管在装修上极尽奢华（多元化），显露出令人瞩目的高贵气息（人员规模），如果抵抗外力的设施（壁垒）建造得不够完善，仍然会很容易被摧毁。如同一些企业，尽管看上去实力很强大，但是在商业竞争中，缺乏品类价值的保护，难免落入同质化之流而陷入品类底层，苦苦挣扎，为了维护“装修”上的雍容华贵，在不断消耗企业珍贵资源的同时，却让自己没有任何的保护，在暴风雨来临时只有面临瞬间坍塌的下场了。

无论是采取什么方法，我们首先应该关注的是方法的有效性。各个开拓了疆土的新品类领导者，正是依托专业化而服务于对应的市场，这些市场中的目标顾客会因为品牌提供了其他品牌所无法提供的品类价值而倍感欢喜。对于那些饱受脂溢性脱发困扰的消费者，二硫化硒洗剂品类与酮康唑洗剂品类的出现，真正解决了他们头部健康的问题；而有些普通洗剂产品大肆宣传自己的功能性，欺骗那些深受脱发困扰的消费者，让用户的健康状况因为自己的私欲而进一步恶化，这实在可恶。

那些浮于表面、看似富丽堂皇实则不堪一击的同质化品牌，不仅对企业发展没有好处，还会伤害我们曾经、现在、未来都赖以生存的顾客。试问，谁还能比那些深受低价之苦的企业更加热爱和平呢？那为何不拿起武器，主动对所在品类的低价市场进行回应呢？

本系列图书中提到，建立品类联盟能够在有效开展新品类活动时对一些想要跟随、模仿的企业起到阻拦效果，而这几乎不需要占用企业的珍贵资源，还会对企业在外部市场上的份额增长十分有益。

说到这里我们就需要考虑一个问题，在日常经营中，我们会采纳“低成本战术”还是“差异化战术”？这个选择很关键，因为结果会截然不同：如果使用“低成本战术”，就有可能闯入领导品牌的领地中，因为“低成本”几乎是只有品类中的领导品牌才能具有的优势，其他品牌是无法获取的；使用“差异化战术”的要求没有那么高，只需要培养顾客的认知，也就是说让顾客认为自己的品牌更具品类价值。

如果你不是领导品牌，为了快速获得利润，采用“低成本战术”是可以理解的，但问题就在于，如果我们与领导品牌狭路相逢，“低成本战术”就很有可能不起作用了。领导品牌之所以在品类中位居首位，是因为其市场份额和出货量更大，供应商必然给其最低的定价，其他品牌要使用“低成本战术”自然就行不通了。

如果我们采用另外一种战术，或许不如低成本路线那样能获得很多市场份额，却可以获得稳定的发展与更高的利润。所以差异化这条路是最合适的，因为这条路所带来的溢价空间非常大，你只需要支付平常营销费用的几分之一就可以轻松博得顾客的眼球。同时差异化还可以让你在同质化产品中脱颖而出，在真正的竞争对手到来之前赚取足够的利润，为自己的未来积累更多的财富。

我曾经做的一个项目是比较有代表性的，也是众多项目中我比较喜欢的一个，因为这个项目所涉及的品类有着高度差异，同时能为目标群体解决一个比较大的问题，而解决这个问题是目前一些国外的顶级眼镜企业打算用来获取高额利润的一个撒手锏。

据项目方说，这个项目之所以国外的竞争对手也在同步进行，甚至比我们更快一步，是因为企业曾经聘请的一些人员离开之后，跳槽到了国外企业，并泄露了商业机密。

这也引起了我的注意，我不想让国内企业的知识产权因为不正当竞争而受到侵害，这种信息泄露给企业带来的伤害是巨大的，并且会导致以后企业不愿意再进行新品类的研究与创造。这个问题必须马上解决，否则国外那些大规模的企业很快就会因为这个品类价值而主动出击。

在紧急召集团队成员进行了简短的会议讨论后，我们又对外部市场进行了详细的调查研究，通过这些举措，我们预估这个项目成功率至少有80%，所以很快与项目方建立了合作。当然，与此同时我也推掉了一些比较容易做的小项目，让团队其他成员负责这些小项目的实施，并在咨询费用上打了一个比较大的折扣。后来，这些小项目都取得了很好的成果，让我免于愧疚之感。

第8节

品类价值要这样挖掘

相比之下，我还是觉得应该将大部分时间投入这个更需要帮助的项目中，虽然咨询费用不及其他项目，但我还是觉得这是一件有意义的事情，所以下定决心全力为这家企业提供帮助。

针对这家眼镜企业的实际情况，结合其技术能力与将要诞生的新品类，我们建立了一个有益于传播的品牌名，同时在市场中找到了一个具有高度差异的品类价值。这个品类价值是让顾客在冬日里既能享受暖阳，又不伤害眼睛，主要消费者定位在经常在户外办公的群体或者自由职业者。

传统太阳镜功能单一，只能抵御部分阳光的照射，而且在使用过程中，使用者无法真正做一些具有难度、需要高度专注的事情。同时，使用传统太阳镜如果在太阳下停留较久，眼睛会感到疲劳，甚至会产生视力受损的情况。

而新品类在最大程度上让人们在寒冷的冬天也能在暖阳下无障碍办公，使用者在充分享受太阳的温暖时，还能进入工作状态，这精准地匹配了一部分人群的需求。

确定品类名的过程其实充满了坎坷，因为眼镜品类也是一个大品类，品类名形形色色，而新品类的品类名必须透露出品类的利益点，让人一目了然，瞬间能明白它到底能解决什么问题，并与顾客在心智中产生共鸣，进而加强顾客的潜在认知。无效的品类名很有可能只是一个空洞的表达，当顾客看到它的时候，无法联想到什么，也并不知道它具体代表什么品类。

我熬了几个通宵，才为这一新品类取了一个品类名——阳光工作镜，并顺利被项目方采纳。这个品类填补了市场空白，所以品类名自然也是独一无二的。这一品类名简洁有效地传递了新品类的实际作用，也便于后期进入市场时，企业可以迅速建立属于自己的定位，并将品牌名与品类名紧紧地关联在一起。

这是一款能够让人在太阳底下工作的眼镜，几乎所有人在一听到这个名字的时候，都能意识到这款眼镜与阳光有关。

与以往的太阳镜不同，它可以对眼部进行周密的包裹和保护，佩戴的舒适度也比普通眼镜要高。因为在设计时就充分运用了力学原理，其改变了传统的设计方式，将力量分摊方式从原本的“点对面”变成了“面对面”，所以消费者在佩戴这款眼镜的时候，几乎感受不到重量。眼镜的镜架与镜身采用了纯钛材质，强度更高，在弹性与复原性、可塑性等方面也都表现得更好。当然，成本也高出普通材质很多，所以这款产品的目标消费者是“小池塘里面的大鱼”，它要将部分人群的痛点彻底解决，在投入上也会比其他眼镜要高。

同时这款阳光工作镜还提供了不同的款式：适合阅读的款式和适合电脑办公的款式。第一款是基础款，适合学生、老师、律师、作家等人群使用。在此基础上，项目方根据我们的建议，在技术上进行了升级，研发出了第二款更适合电脑办公的阳光工作镜，经过有效测试，其能够提升 23% 的综合体验，在精准度、分辨率等方面能够得到 60% 以上的改善。

在 1 小时、2 小时、3 小时、4 小时的体验测试中，项目方随机选取了 100 名人员佩戴阳光工作镜在太阳下工作，反馈舒适的人员占比分别为 92%、84%、67%、43%。在佩戴 4 个小时之后，舒适度会大幅度降低，但是对于这项突破性的应用，我们算是做得很好了。

这些测试数据会通过后期宣传流到市场中，虽然它确实能够作为信任状成为我方产品的有效支撑，但势必会引起竞争对手的关注，届时，竞争对手会看到这一新的品类价值，对我们的盈利状况进行分析，又在觉得有利可图的情况下，找到我们的弱点，之后，其很有可能加入战局与我们进行激烈竞争。

如果竞争对手懂商战，只要有人稍加指点，我们的薄弱之处必将暴露无遗，而如果我们没有及早建立壁垒，又没有其他作为，被动挨打几乎就是必然的了。尤其是那些强大的竞争对手，它们加入之后，会在技术上不断探索，很有可能开发出突破性的技术，而我方规模较小，资源有限，必然很难跟上强者的脚步，到时候我们要面临的，很有可能是一场不公平的决斗。

以防万一，我们需要为建立品类联盟制定一个详细的计划，在新产品上市之前，就开始招募联盟成员，并逐步开放新品类技术，吸引一些竞争对手的加入，将其转换为作战伙伴，只有这样，后期才能共同抵御强大的敌人。

在就这一点与项目方进行沟通时，项目方表示认同，并表示会将此事列入计划，但后期因为各种原因，这一工作未能展开。

阳光工作镜还有两种模式：上午模式与下午模式。这种设计是为了确保能够达到最佳的使用效果，上午模式主要应对比较温和的阳光，下午模式则主要应对比较强烈的阳光。这也是比较人性化的设计，两种模式供顾客选择，体现了专业性，确保产品能够真正地保护顾客的视力。

两种模式的眼镜其实只消耗了一款眼镜的研发费用。因为企业一开始在研发上投入过多的成本，对于后期实现盈利是极为不利的，所以我建议企业采用“一款眼镜两用”的方式，同时提供绿色和黄色两种颜色供选择。这两种颜色用在眼镜上，视觉效果非常好，而且是非常有识别度的，能让一些潜在顾客在一看到这两种颜色时，就知道这是阳光工作镜并联想到对应的品牌。

上午模式相对于下午模式是增加了功效水的使用。据研发人员称，这是一种具有实质性功效的特殊介质，是液态的，有淡淡的青草香。这种特殊介质能够有效地阻挡太阳对镜面的直接穿透，并增加对眼睛的保护力。

如果要研发新材质来代替功效水，成本提高所带来的产品高定价可能超出目标群体的可接受范围，所以项目方表示要投入成本进行相关研发时，我否定了这一规划。生产成本过高，销售价格必然随之上涨，这样就会增加销售困难，战线拉得太长，会让自己出现“首尾不能相顾”的状态。我们并不知道竞争对手会从头部开始攻击还是从尾部开始攻击，这就加大了防御难度，增加了我方的行动限制。对于一个拥有巨大机会的新品牌而言，一开始负重前行，是不理智的，也是不利的。而相差太多的两种价格，必然会让品牌定位变得模糊，同时顾客也无法快速、清晰地感受到，这个品牌到底是低端品牌、中端品牌还是高端品牌，进而只能选择放弃思考。

所以在这种情况下，我为项目方选择了低成本的功效水作为替代物。顾客第一次购买阳光工作镜时会获赠一瓶功效水，可以有效使用60次以上。后期如果顾客需要，品牌还会推出优惠活动，为打开市场提供有力的基础条件。这项支出对于顾客而言是非常低的，却直接提高了品牌的净利润收入。

项目方有偿使用某企业的一项专利技术，并通过合成与剥离的技术手段，才研发出了这种有价值的新技术产品——功效水。相关的专利使用费和技术研发费用是很低的，只要功效水有一定的销量，品牌就可以轻松获得很高的利润。同时获益的是消费者，使用下午模式的阳光工作镜，午后在阳光下读书或工作，视力会受到保护。

阳光工作镜的售价比普通的变色眼镜高 20% 左右，是目标群体能购买得起的具有品类高度差异与品类价值的新品类。它的品类名是阳光工作镜，对应的品类价值是御光，能让使用者最大限度地抵御日晒带来的伤害。

在提供项目服务之后，我询问这款产品最快什么时候投向市场，但对方表示，经过董事会决定，企业的市场销售策略有所改变，打算先将产品投放到光学强国的市场上进行销售，国内市场开发则暂缓。我推测企业是打算先去国外“镀金”，将自己打造成国际品牌后再回来，卖出较高的价格。我提示项目方，跨国发展虽然不是什么特别困难的事情，但也不是轻而易举就能实现的，可能受到的影响因素、限制等都会增加。即便顺利地打开国外的市场，再回到国内也应该是几年后的事情了，到那时，很有可能国内的市场已经不再是空白，模仿者、跟随者可能已经占据了国内市场，形成了领导品牌，项目方不再是新品类的开拓者，还能抢占到多少市场份额呢？

但由于市场销售这一环节并不在我的服务范围内，所以我无法直接干涉。后来这个项目发展得怎么样，我也没有再投入时间去了解。

这个案例似乎并不成功，但我愿意把它展现给我的读者，因为它是真实的。尽管我知道在书中“营造”出一种能制造成功的能力，是咨询业内惯用的一种手法，但我不愿为之。

我不希望我的读者因为那些被过度渲染的成功案例而受到欺骗，这些所谓的“成功案例”缺乏完整性与客观性。

承接一个项目，就是做一项十分寻常的工作，其中并没有什么“神奇成分”，踏实、不留心眼儿地把项目做好，只收取合理的报酬，这是对于工作最基础的一种诠释。

为企业提供咨询服务，如同律师为诉讼人打官司一样，并不是“场场胜利”的。完全的胜利在一天一变的市场中是不存在的，因为每个竞争对手都在成长。如果竞争对手的基础条件比我们更好，同时在资源上的投入比我们更多，而我们因为资源的匮乏而无法及时跟进，那就有可能失败。对我而言，评估一个项目有多高的成功率其实是一个很好的方法，因为这能让企业知道最终胜出或落败的概率，判断自己是否能承受得起失败。

丑话说在前头也比为了接下项目而扭曲事实要好得多，实力与经验不应该被作为谈判的资本，我们的专注点应该是如何取胜。所以我在书中要表达出案例的真实性以及有效性，而不能单纯地“彰显成功”，这或许才能称得上对企业有帮助。

通过这个案例，大家应该能看到，一个绝佳的开端，必须要有持续性的“连锁反应”，否则很容易因为衔接不上而出现危机。把项目做好，是我的职责，但我必须承认，每个人的能力都是有限的，尤其是当项目方所给予的发挥空间有限时。我唯一能做的，就是提供有效的咨询服务，让大家朝着正确的方向前进，同时避开那些早已知道的危险。

第3章 / CHAPTER THREE

主动竞争

1 第节

品类价值的重塑

众所周知，优步率先为人们提供了互联网＋交通的出行解决方案，而最后将服务定位为出行品类。国内的滴滴虽然在世界上，甚至在国内都不是最早从事此业务的品牌，但是其第一个取代“快的”，将自己塑造成开创者，最终成为出行品类中的领导品牌。大多数消费者把滴滴当成了开创者，而不知道“快的”与优步是谁，因为它们被滴滴成功地挤出了品类核心区域，而整个核心区域唯有滴滴一家独享。大家潜意识中会把“第一的”和“最好的”都视为开创者，正是这个道理。

品牌可以重新定位，而品类价值也可以重塑，因为随着时代的发展，品类也应该与时俱进。品牌有义务为“新时代”的品类赋予一个符合当下的新名字，而这通常是顾客乐于看到的改变，尤其是当对应品类已经发生变化时，新名字应该及时出现。因为新名字总能反映出当下的品类到底是什么，而不是什么，如CRT电视、等离子电视、LCD电视、LED电视、激光电视等。

品类名越容易读取，就越容易传播，被记住的概率就越大，对品牌的好处就越多，这是不言而喻的，尤其是那些与品类形成密切关联的专家型品牌，它们所获得好处是显而易见的。品类会给那些专业化品牌足够的展示机会，而顾客则会第一时间看到这些专业化品牌最优秀的一面，并大概率会购买专业化品牌的产品。

当普通键盘是既有品类的时候，游戏键盘就是新品类，而游戏键盘这个新品类从普通键盘这个既有品类那里拿走了多少市场份额呢？试想，玩游戏的顾客应该都不想用普通键盘打游戏吧，因为他们知道，有更好的替代品，那就是专门为游戏而生的游戏键盘。键盘的作用在不同的场景中被清晰地定义，品类名越简单，越清晰易懂，品类被传播的概率自然就越大。

现在还有多少人在购买游戏键盘时，只是单纯地搜索“键盘”，而不是直接搜索“游戏键盘”呢？同时键盘品类中的专业化品牌中，有哪一个品牌只是生产同质化产品、依靠价格取胜呢？很少，甚至已经没有了。因为顾客知道，每一个品牌都有自己对应的品类价值，它们之间几乎形成了强烈的“价值差异”。依靠自己所建立起来的品类价值，而稳固地在品类之中占据一席之地，才是品牌应该做的。如无线键盘、机械键盘、电容键盘、胶式键盘，这些领域都各有专业的品牌在控制着市场，并告诉顾客你应该买什么。

如果我们确定新品类活动能为我们带来经济上的增长，并且如原先所想的那样，有利于我们做出一番成就，我们就必须保证工作的有效性。尤其是我们必须精准地确定那些“必须买我们的产品”的顾客，这项工作不能有丝毫马虎，因为我们不能指望依靠某一款产品获得大部分顾客的青睐，唯有做好这项工作，我们的生意、经营理念才能符合市场走向，并且带来成功。

第一项工作就是进行周密、细致的准备，在准备的过程中我们能清晰地感觉到，这一切都是真实发生的。当所有准备工作就绪、行动开始时，有利的条件才会逐步显露，令我们胸有成竹地去实现既定的目标。如果我们总是被动、无期限地等待，有利的条件就会随着时间的流逝而不断消失，并且很快，原本饱含着热情的准备工作变得虚无，最终连我们自己都觉得，这并不是一件什么了不起的事情。

同时，当项目不得不果断实施下去的时候，时间会变成催命符一样，不断地削弱新品类在未来市场上的生机，这也充分地说明了，要么是自身准备还不够完善，要么是压根儿就没有深思熟虑，所以事情就呈现出一副可有可无的样子。

品类竞争是真实存在的、我们不得不面对的一种市场状态，我们必须始终保持有仗可打、不怕打仗、主动应战的状态，这样才能时刻保持清醒的头脑，也才能在不同的局势中通过竞争获取利益，并赚取足够的维持企业生存的运转资金。

管理者必须要对竞争有理性的认识，尤其是要让内部所有人都乐于为了维护企业权益而拿起手中的武器去市场中搏杀。在这种情况下，企业内部的弱者就很难滥竽充数，而留存下来的几乎每一个人都是能打仗的，并且能够为保卫品牌在市场中的地位而拼尽全力。

一家企业要立足于商界，就必须要有主动竞争的意识，没有主动竞争的意识就意味着放弃了自己所拥有的权利，那也就只能做一些简单的事情，赚取微薄的利润。而依赖供应商、依赖顾客甚至是依赖某些有能力的成员，就等于是将企业的性命完全交给了他人。因为这些角色都是为自身或所在企业谋求利益，有可能不顾一切地抢夺对于别人来说不可或缺的利润。如果我们总是认为现状不太会改变，很容易让企业陷入危险的境地。

靠山山倒的局面可能会出现，供应商、顾客以及某些有能力的成员很容易被竞争对手收买，而那些没有做人原则、欠缺正确的商业意识的人，也会因为爱慕虚荣、见利忘义而很快把新伙伴当作自己的靠山。这些情况的产生，还不是我们缺乏主动竞争的意识，卸下武装，觉得市场一片祥和导致的吗？

如国内彩电品类某“前三品牌”所属的企业，在逐渐丧失市场份额时，一开始只是以为制作报表的人将数据弄错了，而未立刻采取任何有效行动，等过了一段时间之后，问题更加严重了，才开始关注。该企业的一位管理者联系到我，我与其简单交流后，发现该企业发生这种情况并不意外，因为其所经营的品类较多，面临竞争力不足的情况，这种情况属于背离了“专业化”。

该企业同时经营着彩电、空调、冰箱、洗衣机等多个品类、数百个产品，并且有趣的是，所有品类的产品用的竟然是同一个品牌名称。

该企业面临的问题很多，尤其严重的是高端与低端并存，最高领导人盲目相信多元化。在这种情况下，我表示问题是存在的，但如果要确定问题产生的真正原因，可能需要一些时间，因为可能的原因有多个。

①多元化发展引起管理者的精力及资源的分散；

②品牌延伸引起品牌影响力降低；

③兼并企业引起企业具有不稳定性、效率低下、缺乏积极性。

因为问题品类较多，业务单位也趋向复杂多变，问题与问题之间的相互影响可能产生新的问题，且在品类过多的情况下，各个方位都有可能遭受攻击，该如何确保对潜在的攻击进行有效的防御？

在交流的过程中，我问对方："你们采用的是什么战略？"

对方告诉我："采用的战略我不是很清楚，我晚点问一下CEO。"

这让我哑然，一个企业的核心人员，竟然不清楚所在企业的战略，就如同他根本不知道企业在做什么事情一样。这时我才彻底明白，该企业的核心宗旨应该是"成为强大企业"之类，也就是说，只要能让企业壮大，什么钱都能赚。这样说来，跨品类发展、铺设这么多产品线也就不奇怪了。

我指出该企业目前存在的问题及劣势，并在给出一些简单的建议的同时，又指出：若在没有强大竞争对手的情况下，这种经营理念是有效并且可行的；但在面临强大竞争对手的情况下，采用企业战略可能面临诸多风险，问题只会越来越多，而且情况也会越来越复杂。

这家企业也曾经拥有国内数一数二的品牌，我周围的人用过该品牌产品的不在少数，如今却处于竞争力不足的境况。

此前，有多家企业因为多元化发展不断爆发危机，如春兰、熊猫、安然、方正等，都是因为追求"大"，而不断被"大"所耽误，逐渐陷入了危机。

对于我的分析和介绍，该企业的这位管理者表示理解和认同。我又询问道："您觉得一天的工作中，是否有大部分都与企业制定的战略存在相关性？"

对方回答："是的，但我杂事太多，似乎总有做不完的事情，而且做这些事情的效果往往无法直接体现出来。"他接着说道："我根本没办法集中精力去做那些我觉得有前景的项目，因为项目实在太多，我始终处于被动的状态，经常工作到深夜，还有许多事情没做完。虽然我每天的工作时间已经比同等职位的人要多3个小时以上，但我的业绩还是无法达标，如果再这样下去，我可能会在几个月后离开。"

我拿百事企业与可口可乐两家企业的情况来说明问题所在："百事的

最高领导人需要管理餐饮、饮料、房产、金融等多类业务，而可口可乐的最高领导人只需要对饮料业务进行管理，这就是可口可乐几十年来稳居可乐行业（其实也是饮料行业）第一的秘诀。如果管理者总是将一天切割成无数的时间碎片，该如何分配这些时间碎片呢？又如何确保企业在该品类市场能够有效经营呢？

我安慰他，在这种情况下，时间确实很难有效管理，这并不是他的错，我也曾经为自己的时间无法得到有效管理而深感头疼。

当然，问题不仅在于此，由于企业经营的产品太多，以至于工作内容也过于错综复杂，标准的工作时间内员工自然无法做好那么多的事情。

无法让每个人都理解战略必然会产生不一致的行为，在竞争越加激烈的情况下，企业的实际情况就是哪里都可能出现问题。

因为企业目前的问题涉及品类理论和与战略相关的知识，我还跟对方谈及多元化和专业化："有一家庞然大物般的多元化企业，其某一品类的市场份额较大，收益颇多，而且该企业远没有看上去那么无懈可击。如果你也生产该品类的商品，并且打算扩大规模，是否会放过该企业的市场份额？"对方听到这里，似乎不知道如何回答我的问题了。

我接着说道："利用有利的进攻机会，尤其是你还在不同品类中面临多个竞争对手时（在一个品类中，除非你是领导品牌，否则所有的参赛者都有可能是你的竞争对手）。"

交流了几十分钟后，我说道："在商业竞争中，我们不能把头埋进沙子中来逃避现实问题。我们该如何明确在一个时间点上应该抽身去关注冰箱品类竞争问题，还是关注洗衣机品类竞争问题。如果两个品类领域同时响起竞争的号角，那您应该先处理哪个品类的问题？"

对方愣住了，也许他曾经想过这个问题，但是由于日常经营中面临的问题较多，无法对商业竞争有充分的思考，所以根本没有考虑到情况有这么复杂。

我又接着阐述，一家企业在品类竞争中就犹如面临着进攻者的攻城行为：如果其能够提前布好防线，即便千军万马来到城下，也可以镇定自若；但若什么都没准备，那么下场就必然是城破人亡。

说完这些，我知道我和该企业之间基本不会存在合作的可能，除非该企业愿意听从我的建议，将通才身份转变为专家身份，否则，其不可能朝着良性的方向前行，而其拙劣的生存本领也将遭受比别的企业更大的考验。

是否要做出改变很难在短时间内就做出决定，且在该企业看来，解决问题的难度非常高。但对于我而言，其实只是“是”和“否”的问题。

在超过自身负重极限的时候——放下，远远比拿起要简单得多，而且，这能让我们重获自由。

我还是希望该企业管理者能够好好思考，改变虽然不是一时之间能够完成的，但是尽快改变有利于朝着符合竞争规则的方向发展。战略的实施是长期的，如果想获得成功，必须要对自己有信心，对未来也有信心，不要轻易否定自己，因为在商业竞争中，任何一个人都会有迷茫的时候，任何成功也都需要经历挫折。

如果按年来算，任何工作的效果都会很明显——战略尤其如此。

如果无法朝着正确的方向发展，只会进一步加深矛盾以及战略上资源配置的不协调，那么该企业是否考虑到以下问题：

“当你有一块钱的时候，你要给哪个品类？”

“发展这么多品类，是否要让自己的品牌在每个品类中都成为最专业的品牌？”

“不断要求增加利润，一个品类一个品类地做，如何做到数一数二？”

看到这里的管理者，应该能明白我为何不建议企业多元化、跨品类发展，因为这背离了“专业化”。人的一生其实很短暂，专心投入工作的时间更是有限的，在精力非常有限，又要兼顾家庭和工作的情况下，如何能在短短的几十年中同时做好多件事情呢？这几乎是不可能的，反映出来的只是一种贪心，因为一个人在有生之年能够将一件事情做到极致，也就代表着他能够衣食无忧了。

有些人总是建议我去研究其他领域，并研究出一个融合性的理论，我通常是笑而不答。在我看来，只要能把咨询项目做好，我赚的钱就比很多人要多了。

有些管理者虽然看到了问题，却不愿意主动采取行动，他们觉得目前还有利可图，且回报不低，就将自己不想看到的问题掩盖起来，还试图堵住“悠悠众口”。

企业也是如此，许多中小企业的老板，把大部分资源、机会都抓在自己手中，生怕一不留神这些资源就会被挖走，这导致许多明明有能力的人只能唯命是从而无所事事，企业内部自然也就诞生不出什么优秀人才了。我经常接触这样的管理者，因为控制欲太强，导致企业内部很难产生有价值的想法和能做成事情的人，留下的往往是一帮庸才。

一些按照贡献分配股权的企业往往比老板专权的企业拥有更多的优秀人才，而且这些人才明显享有更多的权利与威望，也能获得更多的尊重。中小企业老板直接管理的企业，其员工总是免不了有一些畏惧心理，他们会觉得这些利益都是老板一个人的，与自己无关，无论是做好还是平庸下去，只要日子还能过就行。所以说到人才的数量，还是那些股权分配制度透明的企业更多，这与企业规模无关。这就是一些企业明明规模很大，老板很辛苦，而员工却游手好闲、能力无法提升的主要原因。

在股权分配制度透明的企业里，只要你能做出足够多的贡献，就可以按劳索需，企业也会特别重视对优秀人才的培养。可有些中小企业，因为分配方式不公开、不透明，明明能发挥出更大价值的人才，却得不到发挥的空间。有些中小企业往往壁垒较低，担心员工一旦能力超过老板，就失去控制，并携带着企业珍贵的资源离开而自行创业，最终变成竞争对手。而员工身份瞬间转换会让企业老板心里不平衡，为了避免此类事情的发生，所以不敢大力栽培。在一些大企业中，跨越各个品类的共创公司有很多，相互合作，又相互竞争，生怕对方又多得了一些股份，而自己不得不更加努力地为企业做出更多的贡献。

对于一些多元化经营的企业，为市场提供充足的产品才是最大的难题，因为模仿、抄袭的工作量已经够大的了，如果还要为开设在外部的综合商超进行货源控制，那简直是令人痛苦的。因为这些企业自身不够专业，根本不知道哪些产品是能卖出去的，而哪些产品最终会沦落为库存产品，所以前端的销售与后端的生产总会脱节。

顾客对于一些同质化的、低价销售的产品倒并不在意，如果断货，就去购买别的品牌的产品。对于顾客来说，有时可以为了尝试新的产品，把注意力转向其他具有品类价值的品牌。所以，从获取顾客的角度来说，企业需要做的应该是尽可能提供顾客所需的品类价值，而不是关注产品数量。我们会因为雅诗兰黛的眼霜卖断货了而伤心，但如果南极人的眼霜卖断货了，大多数消费者并没有什么感觉，因为在顾客的认知中，前者所代表的品类价值更清晰。

对于一些专业化的品牌而言，供货量的控制并不那样痛苦，它们根本不担心货物卖不出去的情况或积压的问题，而在产品数量控制上也不需要花太多时间。通常专业化品牌的货物流通速度是多元化企业的 5 ~ 8 倍，所以能够进行高效的资金回笼，也确保了自身具有良好的运转状态，同时，快速回笼的资金还可以用于升级产品、培养人才、扩大投资，以及很自然地建立起对应的优势与壁垒。

如今的顾客要买什么产品，会第一时间想到该品类中的专家型品牌，只有当专家型品牌缺货时，才会不情愿地把注意力放在那些同质化产品上。本来要买一辆奔驰汽车的人，根本不可能因为奔驰短期的缺货转而去买一辆价值几万元的汽车，只会先确定到货时间，并交定金，等待到货通知。所以专业化品牌哪怕在货物流通不畅，甚至在因不可抗力因素无法及时交付货物时，都不会出现什么大事，高度专业化的形象导致顾客愿意为之等待。因为顾客知道，这个品牌代表了某个品类价值，只有这个品牌能满足自己的需求，其他品牌都做不到。

而多元化经营的企业则不同，要是货物供应不上，或者销售量没有达到一定的目标，生存就会受到挑战，一定要想方设法扩大销量才行。因为这类企业本身的利润已经够低了，还要面临货物积压，现实情况是，在这类企业工作，一天工作十几个小时是比较常见的状态。

所以这类企业也常常出现病急乱投医的情况，在多个领域大投、乱投，进一步加大了失败风险。因为在不擅长的领域作战，对于作战者的要求是非常高的，这类企业往往不具备相应的能力，就更容易失败了。这几乎是在做一件风险极大、报酬极少的事情。如果要保证多元化经营的企业在市场上的产品流通，就得付出大量的员工劳动力和消耗企业无数的资源，但明显，这划不来。

因此我也经常如同劝告项目方一样劝告自己，永远只在新品类领域内活动，而不要踏足其他领域，因为那不是我的强项。我也对自己的企业进行了业务缩减，只保留了新品类咨询这一项业务，即便在企业经营困难的情况下，我也不会额外增加一项业务，只会反思自己是否要进一步提升专业性。

因为在项目服务的过程中，项目方经常会遇到服务范围之外的问题，需要我额外提供一些帮助。虽然这些问题处理起来很简单，但我知道，一旦提供了这样的帮助，困难就有可能随之而来，并且会损害我自身的定位。

当我做得不够好时，别人会觉得我的能力不够；而如果我做得足够好，别人也只会觉得我运气好。总之无论怎样，不按原则行事都可能导致双方合作的失败，最终让我失去这些可爱的顾客。我果断拒绝后，项目方往往会去寻找更为专业的人才，这对项目方来说，是更好的选择。我们不能夸大自己的能力和作用，而忽视那些在其他领域中提供专业服务的人，他们才是更强的，而不管你是否承认。

所以我在与项目方沟通的过程中，往往只会阐述专业化的知识会带来哪些好处，而不会告诉他们多元化也并非毫无可取之处。虽然我知道多元化在特定时期、在一定程度上是行得通的，但专业化对企业的好处明显更多，如果让项目方对多元化经营产生侥幸心理，一旦开弓，就很难有回头箭，这是一条向前走，只有碰到头破血流才能回头的路。同时我也不希望一瞬间的“热心”为以后埋下祸患，成为项目方拒绝专业化的理由。总之我不会为了多元化发展而花费精力，一旦发现项目中存在欺骗，我就会迅速抽身。

一个项目、一家企业都会因为受到好顾问的影响而变得与众不同，逐渐变得有吸引力。好的顾问会让项目方打起精神，并愿意为顾问所说及所做的高度一致而买单，这样就能形成最好的合作方式。若采用这样的办法，不知道可以为自己免去多少工作量、不便与困难。所以，不必增加那么多无效的戏码儿，将工作当成一个纯粹的任务，不断地简化，并尽快完成，这将何等高效！

因为我知道，快速看到双方都想要的结果，正是我们始终追求的。

很多管理者在开展新品类活动时，会选择将产品定位到有大部分顾客的市场中，他们觉得这样就能服务所有的顾客了。但其实，新品类必须从一个高度专业化的市场中脱颖而出，才有可能被顾客所选择，也就是说，新品类必须有所代表才行。众多调查结果显示，高度专业化的定位和泛化的定位，前者能带来的市场份额可能是后者的三到五倍。高度专业化的品牌对应的顾客数量较少，只要想办法满足他们的需求即可，而定位泛化的品牌要面对数量庞大而较难以琢磨的顾客，不仅是竞争者数量多，阻力也很大。高度专业化的优点在于精准匹配，只是看上去会受到很多限制。

第2节

对手、伙伴与敌人

在品类竞争中，没有经历过突然发生的危机与和险情，是无法学习到对应的商战精髓的，因为人都是在克服困难的过程中建立起自信心与意志力的。倘若没有经历过磨炼，天降大任也无法成就事业。

企业若想顺利地渡过危机，首先要有优秀的将帅，而将帅要带领团队做的第一件事情就是建造起防御城墙，墙体的用料、厚度及成本通常是其他城池墙体的很多倍，因此它的坚固也是声名远扬的。

如此坚固的城墙让人感觉无法突破，从而对敌方士气造成一定的打击。同时，这也能震慑那些虎视眈眈、想要挑起事端的对手，并透露出一个最重要的信息：除非你能用数倍于此的资源突破我的防御，否则挑起战争也是枉然。

我们不能将领导品牌视为竞争对手，因为领导品牌的防御设施也如同这座城墙一样，坚不可摧，而我方的力量相对而言过于弱小，与其竞争根本没有优势。如果想要知道谁是竞争对手，就看看谁与我们在业务上重叠，对我们存在威胁，并且实力差不多。想要获得更多的资源，唯一的办法就是把这个竞争对手打倒，然后告诉顾客，看吧，这个品牌辜负了你们的期望，可以试试选择我们。

人们在发起战争之前都会进行评估，一旦发现自身的条件尚不足以突破对方的防御，深知自己贸然出战并不会有什么好处，就不会发起战争。领导品牌建立起防御体系，就是告诉其他尚需增强实力的对手，你们的力量太弱小了，等实力与我相差不多时再来吧。这样，领导品牌摆脱了许多不必要、没有结果的战役。

确实，城墙防御能力强的城池，敌方是很难以较少的兵力攻下的。新品类一开始进入市场，虽然树立远大的目标是一件好事，但决不能好高骛远，将任何竞争对手都当成敌人，竞争对手与敌人这两者是有本质区别的。

新品类在外部市场直接接触的角色，大抵分为这几类：竞争对手；主要对手；合作伙伴；潜在敌人；主要敌人。

我觉得有必要重新解释一下上述几个名词，因为此前的书中有意无意地总将竞争对手与敌人混为一谈，导致许多管理者在看到竞争对手时过于敏感、紧张，而产生错误判断，将真正的敌人忽视，这可能会酿成大错。其实，竞争对手与敌人是完全不同的，二者对于我们的影响、伤害程度也是不同的。唯有清晰地意识到这两者间的区别，我们才不会因为过度重视或过度轻视而产生错误的认知。

同时，我从未见到本来是竞争对手，而现在是合作伙伴的情况，我在这里所说的“合作伙伴”并不是那些利益相关者，而是在商界本来有竞争关系的双方，因为发展的需要而形成的一种更强大的共存关系。

下面我就对这些名词进行简单的解释。

1. 竞争对手

竞争对手是经营同一个品类的其他企业，它虽然与我们经营着相似的业务，可能目标顾客存在部分重叠，但除非互为竞争对手的企业都是同质化发展，否则它们的业务类型一般是不同的。

竞争对手之间的关系，更像是和平共存，不直接产生竞争。我们知道，有人的地方必然会存在竞争，只不过竞争的程度不同，我们完全没有必要将所有的竞争对手都得罪一遍，因为错误的认识会产生错误的行为，让我们付出惨痛的代价。

更好地认识竞争，从其他优秀的竞争对手身上学到更多的东西，是我们立足市场的根本，因为这能让我们变得更加聪明。市场上的竞争对手很多，更多的是我们不认识的、与我们没有直接冲突的，在这种情况下，竞争对手有时候还可以互通有无。

2. 主要对手

互为主要对手的双方经营着高度相似的业务，目标顾客高度重叠。双方基本上不可能和平共存，因为直接的竞争过于频繁，常常爆发冲突，当然，冲突的结果大多是不了了之。冲突每隔一段时间就会产生，属于一种自然行为，而非刻意行为，源于竞争者的本能、天性。冲突多是小规模的，互相试探对方的实力，甚至存在安插间谍的行为，目的一般不是完全消灭主要对手，毕竟当一方彻底消失的时候，平衡会被打破，未必对幸存者有利。

主要对手越强大，我们就越弱小。而主要对手也知道，要时不时地给我们制造一些麻烦，以免我们脱离其控制。

有时候双方具有的是较多的默契，而不是较强的杀意，双方甚至多方的存在是为了对供应商发挥制衡的作用，同时应对顾客的挑剔，这时主要对手之间在竞争的同时多了一分惺惺相惜。

竞争双方在竞争的同时也会相互模仿、相互学习，这是一个让双方实力有效提升的过程。我们的存在会迫使主要对手不断进步，而主要对手的不断进步，也间接地提高了我们的反应能力。

3. 合作伙伴

互为合作伙伴的双方经营同一个品类，业务看似相同，但实际上双方为了避免冲突而划定了清晰的界限，保证彼此只在有限的区域活跃。同时，双方会为了避免竞争而遵守事前定下的合约，合约的主要内容通常以拥有高度一致的共同目标为前提。

强调相互信任、共同承担风险、共享信息、共同创造、维护平衡的局势，这些都是合约的主要内容。合约使双方都具有一定的权利与义务，作为双方共存的一种体现，是在自愿、互利的情况下形成的。

形成合作伙伴关系是新时代中自然诞生的一种应对竞争的新的形式，对合作双方及顾客而言，是有百利而无一害的。建立双方、多方的战略合作关系，主要是为了获得一加一大于二，甚至大于三的效果，也就是我所说的经济上的突破，形成一个双赢或多赢的局面，这在本系列图书与品类联盟相关的章节中也有较为详细的阐述。

4. 潜在敌人

潜在敌人通常是由主要对手演变而来的一个更具有威胁性的角色，具有一定的危害性、杀伤力。当我们面对潜在敌人的时候，稍不注意就有可能受到伤害。

潜在敌人在一定范围内具有可怕的破坏力，它们会尽力消灭被自己视为竞争对手、敌人的企业，并不过多地考虑是否有可能与对方开展合作，也不分析打倒对方是否真的对自己有利。

潜在敌人的攻击往往具有突然性、拦截性、掠夺性等特点，但这些攻击是没有经过计划的，所以可能因为目标不精准而进入无序的状态，但这种奇特的出招方式往往会令被攻击者因为无法探寻轨迹而只能被动挨打。

因为每次的招式都不一样，让人无从防御，所以潜在敌人的攻击总是具有强大的摧毁力。尽管有时候攻击会对潜在敌人本身造成一些伤害，但是，损人不利己的事情却频繁在其身上发生。

因为缺乏正确的价值观，在日常经营中往往以主观意愿而不是现实情况为依据，所以潜在敌人在发现自己的利益受到外在力量侵害时，会不惜一切代价发起攻击，让对手因无法抵御而受到重创。

在潜在敌人的认知中，竞争就是无情的，一切阴谋诡计都可以派上用场。其以自我为中心，对待阻挡自己步伐的一切事物，都想斩草除根，并不考虑后果。

这个群体的恶意往往是与生俱来的，稍微被外在事物激发，就有可能制造动荡的局面。所以潜在敌人不只威胁某个群体，通常是对所有群体都产生危害，像是公敌一样。

5. 主要敌人

在商战中，主要敌人才是我们真正的敌人，“你死我亡”是对双方敌对关系、紧张关系最好的概括，也说明在未来很长的时间内，双方之间的关系是很难得到有效缓解的。

敌对的双方对彼此的真正实力都十分了解，所以虽然谁都不会轻易露出真正的底牌，但这丝毫不会影响二者对竞争形势做出有效的评估。二者决出胜负的方式往往只有一种，就是在决战之中找到对方的弱点，一次性歼灭，不留情面。这是一种真正的敌对关系，通常而言，是一方对一方的。

主要敌人发起攻击时，攻击对象十分明确，几乎不会伤及非目标人员，这是区别主要敌人与潜在敌人的主要因素。所以，敌人的攻击范围越小，攻击就越准确，消耗自然就越少，却丝毫不会影响攻击力度。当发现有企业向我们发起这样的攻击时，我方应该立即识别出来，这就是对我们存在明显敌意的主要敌人，其攻击目标只有我方。

通常在我方开始实施每一个决策时，对方都会马上应对，试图阻碍我方的行为，防止我方在商战之中获取更多的资源，这是一种抑制性手段，这种手段往往不是一时之间产生的，而是蓄谋已久的。例如当我们打算收购某家企业，以增强对品类的控制时，对方总能得到信息，并开始扰乱原本双方正常建立起来的交易关系。恶意出价通常是一种管用的手段。他们即便对该品类领域没有兴趣，也不会让我们以较低的价格轻松完成交易。

在这个时候，我们就能看到，真正的敌人的威胁性往往不体现于表面，而是无时无刻地隐藏在暗处。当利益发生冲突的时候，矛盾就发生了，双方会不顾后果、不惜代价地要将对方摧毁。

主要敌人会视破坏我们的市场布局、员工关系、专利引进等为成就，当我们遭遇困难险阻的时候，或许敌方正在进行一番热烈庆祝。敌人的手段不仅让我们在内部运作时受到较大的阻碍，还会为我们在外部市场设下一个又一个防不胜防的圈套，这些圈套是极具危险性的。如果我们不够谨慎，无法识别机会和圈套，那么结局很有可能是惨痛的。

当一方的实力远超另一方的时候，僵局可能会由优势方打破，优势方会主动挑起纷争。如果双方原本的实力是相差不多的，现在优势方迅猛崛起，那么接下来的胜利大概率会属于主动的一方。这种情况下，凭借睿智的头脑、强大的摧毁能力、目标明确的作战能力，进攻者给我们带来的打击可能是毁灭性的。

综合来看，竞争对手与主要对手的攻击还是比较好处理的，但真正的敌人却十分野蛮和凶狠。尽管我们不愿意面对惨烈的竞争，但成王败寇，如果想要获得市场地位与胜利的光环，就必须认清现实，深刻地理解和感受现实，尤其要避免主要敌人的不择手段为我们造成的伤害。

与对方之间紧张的敌对关系，已经让我们卷入惨烈的竞争，这虽然是我们尽量去避免的，但有时候对方的行为不受我们的控制。在这种环境下，我们要尽可能快速地将自己武装起来，确保自己处于安全的状态，这是商战中要学会的第一步，其次才是取得有利因素。至于战胜最强大的敌人或赢得最终的胜利，那是当自己的实力足够碾压大部分企业时，才应该提及的事情。

第3节

新品类的崛起与既有品类的落幕

我们可以将既有品类与新品类的关系理解为敌对关系，因为新品类的发展就是为了接替既有品类的业务。但通常，既有品类的防御是无比坚固、难以突破的，新品类开创者凭一己之力是很难有所作为的。所以新品类要想取胜，并代替既有品类来服务更多的顾客，就需要进一步发展，正确地将竞争对手转化为合作伙伴，并主动发起对敌人的攻击。这样做还可以让自己作为将帅在领军打仗时，有较多军队的拥护，避免自己在突进中受大部分集中火力的关注，在降低风险的同时还可以有效地保护自己。

战略的形成，依托从市场中不断诞生的新品类，每一个新品类的特点，都会影响战略的形成、发展。品类就像是土地之下的根部，至于枝干如何快速成长，则是战略需要去确定的。所以一项适合自己的战略尤为关键，它如同一个指导工具，能指挥我们有序地经营。

战略会告诉我们怎么快速到达目的地、方向应该是向东而不是向北、尽快向上生长有助于我们更好地进行光合作用……有了战略，新品类在前进中不断地获得更多的生长空间。如果每个新品类都能有一项战略来主导，那么其取代既有品类的征程会顺利许多，尤其是在紧盯目标的时候，能够基于有限的资源做出更大的成就。

可见，新品类与战略之间是相互依存、相辅相成的。我们不能指望依靠一项战略在无品类状态下建功立业，这是不切实际的。如果我们有意逃避品类竞争的残酷，那么制定出来的战略也只能是“其乐融融”的，它无法为企业的后续经营带来什么帮助，当然也无法改变什么，只是一个用于制造虚假繁荣的无效产物罢了。

所以我才说，如何获取足够的阳光与养分，是一项正确、合规的战略需要解决的问题。

如果缺乏品类作为依托，战略将无从而生。

作为新品类的开创者，管理者当然有必要为新的领域制定一项全新的战略，这项战略会让我们看到被迷雾笼罩的景象，并且明白：在战略所规划的地图中自己处于什么位置；可能会遭受来自哪方的攻击；如何在活下来的同时找到机会增强实力。

这些都是新品类战略中需要涉及的，如果企业还沿用旧有的品牌战略，甚至企业战略，对于新品类而言就可能是一个大麻烦。在这种情况下，无论事先制定的战略多么正确、周详，企业同样会面临衣不合身的局面。

在新品类活动中，能够起到决定性作用的不是数量和规模，而是有效的方法。很多时候，既有品类在数量与规模上明显具有巨大的优势，但遇到规模小的新品类时，还是输得一塌糊涂。所以我们必须知道，数量与规模在这个时候并不是有效的实力评估维度，真正有效的评估，是对方法的评估。如果我们过度地将注意力放到数量与规模上，就会为敌人留下进攻的机会，那么这个时候挨打几乎是必然的事情了。

这是因为数量与规模背后是巨大的沉没成本，这对既有品类来说是一种难以摆脱的强大的负担，甚至是一个无法轻易逃离的牢笼。这个负担其实是品类在发展过程中遗留下来的。哪怕是既有品类中最为强大的品牌，也没有什么好的方式能够有效处理这种负担，因为它存在已久。

与此不同的是新品类，它们几乎没有负担，这一先天性的优越条件使它们在灵活性上超越既有品类。对于一些竞争较少的新品类，一切都是全新的开始，不需要投入太多的资源就能够轻松地获得成功。这就导致行动不便的既有品类在面对成长到一定周期的新品类时，会因为各自规则的不同而只能被动挨打。

在我近几年经手的项目中，超过六成都有中小企业的影子，涉及很多他们提出来的思路、创意、新产品方案。而最终经过一段时间的交流，在剔除问题品类、运气品类、潮流品类、定位不明品类、伪装品类、占位品类、捞金品类之后，有一部分已经具备了诞生新品类的潜质。虽然中小企业在资源上不具有优势，也不太了解品类理论，但这丝毫不影响新品类投入未来市场中的成功率。其间我还遇到一些不到 25 岁的企业老板，他们在项目学习上更肯付出时间与精力，往往经过一段时间的学习之后，对外部竞争的理解已然超过了国内大部分的管理者。

这类企业在抓住新品类的契机之后，战斗力会迅速增强，因为它们比那些早已习惯大风大浪的企业更懂得机会的来之不易。它们对于未来的其他项目是否能够取得同样的成功，心里并没有底，所以会踏实地将现有的项目做好。

在为这类企业提供咨询服务时，双方很容易达成高度一致，合作一般也非常顺利，在一些大企业需要用两个月时间完成的项目，在这类企业中，往往不需要 40% 的时间。尤其是当新品类主动入侵既有品类的市场时，一旦发生激烈争斗，新品类总能以少胜多，因为其总会按规划好的思路，在具备地形优势的地方作战，同时不会给敌人喘息的机会，而把那些毫无准备的敌人打得没有还手之力。

我对此进行总结之后发现，这些企业拥有豪威尔环中的四环以上（共八环）的实力，所以在面对同质化发展的竞争对手时，它们的优势更为显著，会迅速地在对方长久占据的市场中打开属于自己的市场。其中作用最大的莫过于差异化这一环，单单借助差异化这一环，新品类就能让品牌快速起飞。

既有品类经历过此类战役之后，甚至根本不知道对方为何会这么强大，而自己为何败得这么快。这是因为胜利者此前对外部市场进行了充分研究，同时在自己所建立起来的品牌上充分利用了与顾客心智产生共鸣的方法，才使顾客在对应品类中将该品牌放在首选的位置上，既有的不占优势的品牌自然会被移到靠后的位置上。败下阵来的经营者因为缺乏对外部市场的了解，根本不知道现在品牌用什么方法有效，基本路数是什么。

在此我介绍一个基础案例，描述了厦门地区奶茶品类中品牌的崛起与落幕。

① 奶茶经营者最早是小档口，没有固定位置，几乎是流动的。奶茶店通过果味粉现泡的方式制作奶茶，只能在学校门口吸引一些学生，奶茶的价格通常是 2 ~ 3 元一杯。

②而大茶杯品牌发现了这一市场，决定开设固定店面，以增加销售量，并使泡制奶茶的过程更加规范，吸引更多的人群。该品牌的超大杯奶茶每杯只要 5 块钱，而顾客购买一杯奶茶往往可以让几个孩子一起喝，为他们带去无限的快乐。这一品牌的名称中充分蕴含了品类价值，所以大家很快就能记住它，很快，更多年龄层次的人，如上班族也进行了尝试。

③当传统的奶茶无法满足人们的需求时，“代奶茶”出现了，成功地取代了用果味粉泡制的奶茶。泡制奶茶品类成为既有品类，大茶杯作为既有品类的领导者，由于死守市场，没有跟上脚步，其市场份额被新品牌抢走。

④许多人关注到奶茶这一品类，认为其准入门槛较低、回报率高，能够带来可观的成本回流与净利润回报，所以纷纷开启对这个市场的进攻模

式，形成了很多品牌，如皇茶、COCO、大台北、茶风暴、大口九、大卡司等。这些品牌非常注重对奶茶的宣传与包装，开始做连锁茶饮，同时在视觉锤上也进行了规范，标识上增加了许多亮点。奶茶的口味更加丰富多样，在顾客体验上有了许多提升。

⑤经过一段时间的默默蓄力，各企业都在市场中你追我赶，奋勇前进，每个品牌都想当奶茶品牌中的老大。在这样的形势下，奶茶品类中逐渐出现了一些头部品牌，这些头部品牌可以说是销售霸主。随着经济的发展，消费者的消费水平提高，一些品牌由于前期看清了发展势头，积累了比较多的资源，纷纷开始向外部扩张。

⑥ 各品牌开始舍弃那些复合性奶茶（三合一），使用具有较高品质同时价格也较高的脂末粉。后来，品牌又在奶茶中融入各类型的茶叶，一时间奶茶中“真的有茶”了，也吸引了一些原本不喝奶茶的中年群体。还有一些企业开始在奶茶中加入新鲜水果，令奶茶的口感变得越来越好了。敢于尝试的品牌纷纷获得了消费者的追捧，随着品牌热度的增加，销售额也成倍增长。

⑦从这时候开始，奶茶店门口排队已经成为一种非常普遍的现象。当然这时候单杯奶茶的价格已经突破了 9 元，而含有水果的奶茶的价格也突破了 12 元。成本虽然提高了，但是相对于在几年时间内翻倍的售价而言，并不算什么。

⑧我们能看到，现在我们眼前的是古茗、萃春疯、KOI、益禾堂、沪上阿姨等新一批连锁品牌，而大茶杯也彻底消失在我们的生活中了。

这些经过一轮又一轮的竞争，从“退位者”手中接下既有市场，并将新市场做大的品牌，它们基本都深谙外部市场营销的精髓，其所做的更是与豪威尔环理论高度一致。新品类名、新品牌名、定位、差异化……正是这些因素上的优势，导致了品牌的快速起飞。我相信，在市场上提供更好的产品并不是一件很难的事情，但很可惜，提供更好的产品的企业并没有运用好豪威尔环为自己在市场中建立起一个完善的体系。

因为顾客在心智中无法对“更好”进行归类，每一个“更好”都会被“差异化”所顺利替代，这就是我总是要求项目方在新品类的外部宣传中必须体现“差异”的原因。

有些欠缺思考的品牌的表现有点儿像机器运作卡顿，它们要么是进攻非常高调，但根本没有考虑退路、防御，所以在发起一顿迅猛进攻之后，结局往往是自己的销声匿迹。或者它们会对顾客说“我们有很多产品，每种产品都很好喝”，但其实，大部分产品是同质化的，根本没有形成足够的差异来展示自己的品类价值。

这样的品牌如何能在市场中吸引顾客的注意力呢？我觉得它们根本没有机会脱颖而出，因为顾客对待这种不存在差异化的品牌，可选择空间很大，而品牌是被选择的，自然没有优势可言。

4 第节

“与众不同”的魔力

在一个新市场中，一个能体现品类差异与品类价值的品类名与一个能够让顾客口口相传的品牌名同样重要，而定位与差异化则很清晰地告诉了新市场内的所有顾客：我能提供什么与众不同的服务。

提供“更好”的产品的品牌很多，但从来没有成功过。有的品牌在宣传时说自己“更好”，但这是在其达到一定发展规模之后才这样宣传的，而不是借助这种宣传才达到一定的规模，要注意其中的因果逻辑。

在宣传中说自己“更好”的品牌，并不意味着它真的“更好”，因为“更好”不应该是由品牌宣称的。大多数人认为，这些品牌在说自己“更好”的时候，似乎在隐瞒什么，是不是它们担心顾客觉得自己不够好呢？那么这种不自信从何而来？因为我们知道，一个人缺什么的时候，往往就会炫耀什么。

所以“王婆卖瓜，自卖自夸”没有什么效果，顾客自然知道，这不具备什么说服力，因为缺乏第三方的证明。

例如，当康佳说“康佳键盘更好”的时候，几乎没有人会相信，因为康佳不是键盘品类的专家型品牌；而顾客从周围人那里听说“雷柏键盘更好”的时候，是比较容易相信的，因为雷柏是键盘品类中的专家型品牌，虽然雷柏并没有宣称自己的产品“更好”，但其市场地位与专业化程度摆在那里，顾客在心智中自然会根据其所提供的专业化服务对其进行归类。

很多宣称“更好”的品牌和通才型品牌虽然业务量、销售额比一般的专家型品牌要高，但这是一种虚假的繁荣，从净利润与顾客满意度上就能看到实质。我们可以看一下康佳历年发布的财报数据：

2018 年实现营业收入 461.27 亿元，归属上市公司股东的利润为 4.11 亿元；

2019 年实现营业收入 551.19 亿元，归属母公司的净利润为 2.12 亿元；

2020 年实现营业收入 503.52 亿元，归属母公司的净利润为 4.78 亿元（利润翻番，短暂地朝着良好的方向发展）；

2021 年实现营业收入 491.07 亿元，归属上市公司股东的扣除非经常性损益的净利润为 –32.51 亿元（每销售 1 亿元的产品，大约亏损 660 万元）。

康佳陷入了“中年危机”，我觉得与其多元化与跨品类发展有关，是这种发展模式造成了销售越多、亏得越多的情况，而负面口碑也越来越多。在某投诉平台上，涉及康佳品牌的投诉高达 1953 条。

投诉的主要内容是产品质量差、售后服务差、广告骚扰、乱扣费以及退货难等，其中最多的还是质量问题。而在康佳还代表电视品类的时候，其有关质量问题的消费者投诉是很少的。

到底发生了什么呢？难道康佳对顾客的感受漠不关心？

但现实中，其他通才型品牌的情况也好不到哪里去，有一些还比不上康佳。

一旦在发起投诉之后无法得到品牌的及时回复与妥善处理，消费者会感到愤怒和无奈，这时负面口碑的传播可能会让品牌的发展越来越难。

有些品牌在面对负面口碑的时候，往往只想着阻拦信息的传播，而不是先从自己身上找原因。悠悠众口能堵得住，自己却总在犯错，因为提供低质量的产品，让自己的品牌什么都不代表，这其实就是在舍本逐末了。

第5节

清晰的新品类战略

我的团队经常用豪威尔环对品类中的前三品牌进行研究，通过分析发现：品类中的领导品牌具有的豪威尔环最多，而第二名次之，第三名最少。这验证了品牌的豪威尔环越完善，外部体系也越健全，所占据的市场份额与获取的净利润也越能达到最大化。豪威尔环中，每个环都具有独立的作用，但环与环之间又呈现相互加强的效果。

新品类活动并不只是企业内部的一项活动，还关乎企业未来的发展。正确地认识新品类活动的重大意义，比花费心思在既有品类上要重要得多。因为既有品类存在的时间过久，每遭受一次新品类的挑战，都像是经历了一场战争，随时可能消失于市场，在既有品类上投入过多的时间其实是不理智的。

对于新生的事物来说，一切都是从零开始，它符合当下的环境和未来的趋势，具有强大的生命力。拿贵族期的既有品类和婴儿期的新品类相比，后者明显更有活力，还有更多的时间可以去慢慢发展。

新品类尽管不够强大，但其不涉及那些消极的、过时的、缓慢的不利因素，只有那些积极的、先进的、快速的有利因素，在这个基础上还增加了既有品类所没有的一些新鲜元素。

新品类拥有巨大的发展潜力，必然会在一些顺应形势的品牌的推动下，成功取代既有品类。这就如同一个没有活力甚至腐败的摇摇欲坠的王朝，当面对已经形成规模的起义军威胁时，几乎已经丧失了拿起武器的力量。

既然已经明确了新品类是品类竞争中获得胜利的法宝，我们在现有品类发展遭遇瓶颈时，需要做的就是推出一个具有取代既有品类能力的新品类。想要在新市场建功立业，就必须依靠新品类，而放弃新品类，就意味着放弃新市场。

不要把获得局部优势与在新品类市场中占据主导地位混为一谈，两者是截然不同的。

在新品类市场中不存在局部优势，只有完全优势或者完全劣势。随着新品类的发展越来越快，局部优势有时候也只是短暂优势，而这些短暂优势竞争对手同样可以通过短期赶超获得。别忘了，我们也是通过短期赶超获得局部优势的，对我们来说奏效的方法，对其他人也同样奏效。

在新品类市场中占据主导地位就是为了完全限制敌人的活动范围，倘若我们无法正确地理解这么做的实际意义，是很难阻止敌人接下来的一系列活动的，很可能看着竞争对手依靠品类价值不断获得强大的资源补给，我们却束手无策，随着竞争对手的短暂优势慢慢发展为长期优势，我们就很有可能从核心层慢慢地滑向边缘。没有做好准备的一方在品类竞争开始之后，将面临没有时间再去做准备，因为对战往往是迅猛、激烈的，进攻者的策略就在于不给对手留下喘息、思考、做出反应的时间。

正确地认识与战争存在相同本质的商业竞争，能够让我们充分地认识到每一次竞争可能带来的改变，而一切都取决于企业管理者的态度，是在绝望中等待机会渺茫的救援，还是为战胜竞争对手而积极地做好准备，不同的认知会导致决策者带领企业朝着有利或者有害的方向发展。

如果新品类活动缺乏完整的战略，自然会出现与经营相悖的决策、判断失误的情况。即使是最为出色的管理者，也可能会有束手无策的时候。缺乏完整的战略会让我们不知道要做什么正确的事情，该规避哪些错误的举措，在这种情况下面临危险的概率就会大很多。

当一家企业同时做着新品类活动与既有品类活动时，不同的经营决策相悖的情况并不少见。这种情况对于企业发展是不利的，甚至是有害的。我们应该将不同的经营决策区隔开来，否则很难奏效。因为很少有人能够同样将两件相悖的事情处理好，尤其是在成熟的既有品类虽然市场份额有所下滑，但是在利润上具有明显的优势，而新品类虽具有远大前景，但短时间内没有回报的时候。

新品类活动与既有品类活动是完全不同的，前者考虑的是开疆拓土，而后者要考虑的是稳固江山。同时，前者无法将自身的运营效应融入后者的战略之中，因为前者的工作是开拓性的，而后者的工作是防御性的，攻击与防守的切换，就很容易使企业陷入短时间的停顿与无法自由切换的尴尬境地。所以，不要说跨行业的战略，单单是涉及不同性质的工作，企业的战略就很有可能无法环环相扣。多元化企业的战略与专业化企业的战略就更是不同了，前者讲究尽可能用“多”的方式去增加利润，而后者是以控制品类、增强优势、占据主导地位为核心，虽然最终的目标都是增加利润，但是两者观念与执行上的巨大差别终将带来不一样的结果。

新品类与既有品类之间从某种角度而言，是存在竞争关系的。两者在资源上必然存在着相互争夺，而资源就像是企业的血液一样不断地流动、循环，它们是让细胞、神经、肌肉保持活力的重要因素。那些没有资源流通的部位，就会逐步陷入僵化。但资源流通到新品类中，还是流通到既有品类中，不仅仅依据日常管理的合理分配，也与管理者如何布局有关。

如果忽视新品类，企业虽然能维持企业的正常运转，却也间接地放弃了大好前途，因为企业对待前景没有充分的认识，其无法在完整战略的作用下散发出足够耀眼的光芒。

有些企业计划对既有品类中的某品牌投入20亿元的广告费用，以实现可观的销售额。事实上，这可能并没有什么效果，因为既有品类在盛年期后，下滑的趋势是必然的，对其投入资源反倒可能让下滑加剧。如果把这部分预算逐步投入（而不是豪掷）到新品类中，会有更大的可能获得可观的营业额以及绝对的领导地位，因为新品类的征程还很长，远远超过了既有品类剩余的短暂前程。

既有品类的广告投入，在经济下行的情况下，是很难产生回报的，我们不能指望既有品类的市场为企业带来利润。

如果管理者还遵循既有的方式来经营新品类，会进一步造成错误的战略行为，并加快危机爆发的速度。而实施正确的新品类战略的品牌，在商业竞争中总能为自己谋求未来利益最大化，有着一些非专家型品牌所无法比拟的优势。

一个好的战略正如一座巍峨的大山，令人无论是遥望，还是在近处观赏，都不禁沉醉于其中而赞叹其构造上的鬼斧神工。许多大山在自身拥有一定基础的情况下，再结合人为的艺术雕琢，就能够成为著名的风景旅游胜地。这与战略的本质是一致的，虽然专业化品牌在市场上难逢与其实力相匹配的强手，却不意味着没有对手能够超越它，自然风景虽好，但如果缺乏定期的清扫、养护、管理，不久的将来也会变成杂草丛生、无人问津的去处。

虽然战略犹如巍峨的大山，有时候会给人带来山高路陡、乱石林立的感觉，但这不会消磨登山者的意志与对登顶的追求，登上高峰更会让好战者热血澎湃。因为战略一词从诞生起，就意味着战略实施者在商界不只是不断地进行自我否定，更需要经历一番坎坷，并在过程中克服那些自己以前未经历过的艰难险阻，最终才有望实现目标。但很多人却把期望定得过高，并把目标的实现看成一件极为轻松的事，而把克服困难当成痛苦的煎熬，最终因为心中的那杆秤无法平衡而感到失落、愤愤不平，甚至干脆将战略打上“鸡肋”“骗人”“无效”的标签。这其实无助于我们的未来，在商界，情绪化的、感性的判断有害无益，我们需要的是有效的、理性的分析和行动。即便在过程中遇到艰难险阻，也绝不是我们就此止步的理由。

很多人一听说战略，就会立刻产生“这过于虚幻”的感觉，因为大家确实无法真实地感受它的存在，才会觉得它没什么实际用处，对于它是否存在、存在有什么意义也不是很清楚。触摸到战略的真谛并不是一朝一夕就能够实现的，现在也没有一种方法能让我们快速和轻松地做到这一点，否则也就不会有那么多“错误的想法”主导管理者的日常经营了。

很多人对战略的理解是存在误区的，他们觉得战略是至高无上的。这种观念会导致战略被错放在高层的办公室中，被束之高阁，平时企业在内部讨论战略的时候，也是关起门来生怕泄露出去。在这种情况下，战略几乎远离我们的日常工作，是与大部分人不相干的，只有少部分人才去谋划，基层人员觉得他们在工作中基本不会用到有关战略的知识，而且学习相关知识需要投入大量的时间，也就更加避之不及了。

基层人员大部分时间都围绕营销工作，或者服务于营销工作，对于一些中小型企业而言，营销就是一切。但我们仍然需要了解一下，为何很多人觉得战略与他们无关呢?

我在做项目的闲暇时间，会经常与销售人员交谈，因为跟他们的交流能够让我有效地掌握最新的一线信息。大多数基层员工对于所在企业想要实现什么目标、竞争对手是谁是全然不知的。那么在这种情况下，管理者如何指挥他们高效作战呢?

管理者必须先明确战略，才能够让更多的人快速理解战略。所以，大部分有效的战略是极其简单的，三两句话就能让基层人员彻底明白。因为简单是可实践的本质，战略制定的过程就是让复杂的事物变得简单。战略表达得越清晰，就越容易被成员认同，也越能够在日常工作中发挥其该有的作用。

其实，营销能否真正地做出效果，很大程度上取决于企业能否根据正确的战略确定一套适用于市场竞争的方法。也就是说营销的形式虽然多种多样，但其完全基于现在的战略，而现在的战略能对营销产生多大的作用，意味着企业能在生存中获取多少有效的资源。有些企业在现在的战略的带领下，在与其他企业客单价一致的前提下，每卖出一件商品所获得的净利润是其他企业的 2 ~ 3 倍，中间发生了什么事情呢？原因应该是——专业化。正是专业化让我们明白哪个环节应该节省成本，哪个环节应该确保溢价，而哪个商品在售出一定量的时候，会带来大额回报。

营销是企业盈利的主要来源，为了保证企业长久存续，营销不能出现任何问题，否则年度财报上的数字就有可能出现断崖式下降。确保营销做出效果的前提，就是企业在战略的作用下，形成高度一致的行为。如果大家都能意识到战略对于企业的作用与营销对于企业的重要性是一致的，就不会觉得战略与自己无关了。营销与战略这两者是相辅相成的。

成功地从过去的以营销为导向（策略层面），转向真正地以顾客为导向（文化层面），甚至是以竞争为导向（战略层面），对企业而言，自然是有利而无害的，这就如同让所有成员都拿起生存的武器来捍卫自己的家园，众志成城，每个个体为了维护自身利益而将团体利益摆在第一位，自然能发挥强大的战斗力。这种状态会给敌人造成精神上的震撼，比单纯使用武力更有威慑力，因为意志上的摧毁是难以恢复的。在这种情况下，敌人每次发起攻击，都会先思考：自己是否能承受奋不顾身的反扑？这场战役是否非打不可？自己是不是有更理智的选择？

第 4 章 / CHAPTER FOUR

战略的精髓

第1节

充分了解战略精髓的重要性

我见过非常多的中小企业，其老板带头做业绩（虽然这被许多人视为荣耀，但是这种情况持续一定时间后就可能影响营销部门的独立性）。一旦老板开了单子，他就会告诉大家，开单并不是什么困难的事情；而一旦发生老板也不开单的现象，员工就更没有什么动力了。其实这种现象应该尽早避免，将个体转化为能量来源，才是企业日常管理应该竭尽全力去做的事情。我们不能将开单视为一种光荣，而应该将其视为必要的生存手段，这种生存手段是每一个具有作战能力的员工都应该具备的，否则他就无法在这个环境下生存。一个上了战场的士兵，因为日常训练不够积极而缺乏足够的力量拿起武器，那么等待自己的唯有强敌的猛烈进攻，而自己面临的则可能是死路一条的下场。当然，想要增加销量，企业必须销售差异化产品，如果单纯地销售同质化产品，是很难依靠销售人员带动的，老板也做不到。如果老板要求销售人员在同质化产品上的销量必须做到品类中的前几名，那就让他先去试试看。

老板带头开单的企业，企业的所有成员会认为营销是很重要的，而认识不到战略才能发挥出更强大的增效作用。这种企业唯有通过“更努力”才能获得足够的业务量，却不懂得品类知识是更有价值的，有点儿身处宝山而不自知的感觉。许多事实都可以证明，大型企业的发展一般不依靠营销，而是依靠战略，这是因为营销一般只在策略层面上高度有效，而在文化层面上效果甚微，在战略层面上更是基本无效。

以营销为导向也好，以顾客为导向也好，都不是关键，因为这只是在企业范围内快速响应顾客需求的基础性服务，企业并不具有应对市场变化、引领市场变化的能力。也就是说，企业实际上并不是很清楚，顾客真正需要哪些品类价值，自己需要提供哪些具有品类差异化的产品应对竞争。这类企业总会困惑于之前还有效的方法怎么现在失灵了，而察觉不出任何问题，这是因为其没有始终停留在“有效层面”，也导致许多中小企业总是很努力，而获取的回报却很少。这类企业一开始只是在沼泽的边缘徘徊，因为方向的迷失，而逐步误入沼泽深处，在这个过程中，其未考虑过是否要先确定好方向，因为在沼泽边缘徘徊的人，从未见过奔跑在草原上的马儿，碧蓝的湖泊、清澈的小溪，更是他们连想都不敢想的。但这一切，只要确立好方向，应该是很快就能见到的。

“以竞争为导向”与“响应竞争号角的召唤”，这种能力是企业制定销售计划和执行销售计划的前提，这才是关键。

在中小企业的管理者中，有些人很清楚，没有哪一种新产品是完美的，如果能将其进行完善，并保留一些“遗憾”，是很有可能开创一个新品类的。这种“遗憾”往往意味着只保留“某些功能”，而不是要“全面功能”，但“某些功能”是符合目标群体需要的，而“全面功能”则往往导致平庸。

正是这种“遗憾”造就了“完美”，使新品类成为一种更好的选择，不然新品类如何与既有品类产生区隔、对立，而笔记本电脑为何能成为许多商务人士的首选，从而替代了台式电脑呢？新品类适当抛弃一些“没多大用处”的品类价值，而这些品类价值其实已经有许多竞争对手将其做到极致了，这些对手比我们更懂那些我们所不擅长的领域，而这些领域对我们而言是危险领域。竞争对手在这个领域中拥有大量专利技术、科研人员、储备资源，极高的声誉以及权威性的认可，如果我们误入这些危险领域，可能的下场就是被打得落花流水。

可乐不适合健身人士大量饮用，因为其中含有大量的糖分，对于健身人士而言是不利于身型塑造的。所以，可口可乐没有因为增长的需要，而将目标群体延伸到健身人士。可口可乐认为，要想在这一特定人群中获得对应的市场份额，是难如登天的，因为产品与该群体的价值观不匹配，甚至是相悖的。如果要获得这一群体的认可，应该打造一个全新的品牌，生产全新的产品，并且要尽可能弱化新品牌、新产品与可口可乐的关联，在此基础上，让产品与现有的同类健身人士使用的产品形成区隔、对立。在做完这些准备工作之后，可口可乐才能进入健身人士市场，否则盲目进入，面临的就是失败的下场。

有些企业却不像可口可乐这样理性，它们缺乏理论的指导，总觉得可以尝试一下，反正也没有什么风险。这些企业应该尽快认识到，宝贵的资源与时间应该用在执行有效的策略上，而不是随意用在一些不太可能产生成果的事情上。

新品类理论告诉我们，企业在规划新品类项目时，要将有效的方法应用在市场上，并对可能发生竞争的地方进行充分了解。因为市场竞争中每个占据领导地位、领先地位的品牌，几乎都拥有异常清晰的定位、差异化与特性，而定位与特性通常就是构建完整品类价值的基础，也是目标群体愿意购买这些品牌的主要原因。

关于品类价值的完整表述，我以国内排名前三的卤味品牌为例，使用豪威尔环进行了分析，得出以下结论（如表 2 所示）。

表 2　国内排名前三的卤味品牌的品类价值

品牌	品类	定位	差异化	特性
周黑鸭	休闲卤制品	高品质休闲卤制品	独立包装	甜辣口味
绝味	休闲卤制品	全国鸭脖连锁领导品牌	楚湘口味	麻辣口味
煌上煌	休闲酱卤制品	酱鸭名片	独特酱鸭	香辣口味

全新的品类名，全新的品牌名，独特的定位、差异化、特性，让品类散发出耀眼的光芒，同时也向外部的顾客、竞争对手、投资人发出了“这个品类异常团结”的信号，进而阻止了许多潜在的入侵。每个品牌都有自己的特性，例如，在甜辣口味卤制品市场中，周黑鸭就是领导品牌。我不知道它们的豪威尔环为何如此完整，或许这些企业已经达成了某种共识，又或许它们深谙品类价值打造之道，现实中它们的确只在各自的市场活动，并以口味划分出了“清晰的界限”。

让想吃甜辣口味卤制品的顾客去找周黑鸭，让喜欢麻辣口味卤制品的顾客去找绝味，而让喜欢香辣口味的顾客去找煌上煌，喜欢卤制品的顾客会觉得这些品牌都非常专业，他们非常喜欢每种品牌只对应一种品类价值。顾客可能会因为吃腻了一个品牌想换个口味，但是在口味间不停选择之后，他们最终还是会有一些最喜欢的品牌。

这三个品牌也各具“地理优势”：周黑鸭是湖北的品牌，绝味是湖南的品牌，而煌上煌是江西的品牌。这些品牌用以竞争为导向的方式，解决了卤制品市场上的主要难题，所以这个品类也给了它们对应的前三位置。如果这些品牌是来自海南、福建、宁夏的卤制品，能这么容易获得成功吗？当然不能，因为这三个品牌的口味与其所代表的地区是相关联的。这也警示那些未上榜的品牌：品牌的销售额反映了顾客花钱购买它的真实原因。

留给卤制品的，还有哪些品类价值呢？或许我们可以从北方酱卤、南方五香卤等因素上寻找契机，符合广东地区口味的咸香就是一个不错的选择，同时，与老卤汤相符合的“醇香”也是一个有待品牌占据的品类价值。

而一些嘴上说“知识能改变命运”的管理者，却始终觉得品类理论的应用过于复杂，总是将一些唾手可得的机会主动让给竞争对手，眼巴巴地看着对手从几间连锁小店，逐年发展，成为一家自己追赶不上的企业。当别人询问其当初为何不抓住契机的时候，其回复可能是：“那时候这些领导品牌跟我现在一样。”

这些管理者往往认为，只要产品比别人更好，就能够胜出。这反映了他们并不了解以竞争为导向的好处，认知还停留在30年前甚至40年前做生意时的那种状态，似乎忘记了，时代在改变，人也应该随着时代更新理念。

他们想要做所有的事情，为所有的顾客提供“所有的好口味”，而这种想法彰显了狂妄和无知。他们什么都不懂，但是又自以为是，阻碍了有效信息的传递。一般来说，遇到此类客户，我都会扭头走开，因为我永远说服不了他们。他们总是幻想占据所有的市场，到头来是美梦落空。如果他们说的方法奏效，为何他们的品牌在品类中不是领导品牌？

所有的领导品牌都不是因为提供“所有的好口味”而获得成功的。

对于一些愿意并能够突破思维定式的管理者，现在还有什么机会可以让品牌找到一个空白市场，这才是我们需要关注的。

许多管理者认为自己能够做好任何事情，但结果往往是，他们终身只能在山脚徘徊，无缘登顶。因为他们不愿意脚踏实地去做那些力所能及的事情，也不愿意在那些力所不能及的事情面前承认自己的弱小。其实在商界，这类人是最多的，哪怕是那些已经在品类中垫底的同质化品牌的管理者，也会因为自己短期内的多元化经营成功（但长期失败）而产生或多或少的自大心理。因为他们无法意识到专注所带来的力量，自然无法体验成为专家型品牌所带来的好处。在这一点上，他们总觉得只要内心足够强大，就可以轻易征服市场中所有的竞争对手，而无视自身的实际情况。

或许他们从来没有考虑过市场到底需要一个什么品牌，而品牌吸引顾客的主要因素有哪些。因为他们在马不停蹄地赶路，压根儿没有留一些时间来好好思考为什么是这样，又为什么不是那样。如果管理者愿意在赶路的过程中稍作停留，用以思考，那对于企业而言，将会是一笔非常划算的买卖。

因为我们不是机器，不能始终保持高速运转的状态，我们应该留出足够的时间用来思考，找出平时被我们有意无意忽略而有价值的事情。正如我在写书的过程中，遇到没有灵感的时候，就会选择阅读一些与专业知识无关的读物，让头脑获得短暂的休息，也让自身进入快乐而充实的思考状态，而这种思考的过程会为我们带来许多积极的力量。

喜欢甜辣口味鸭脖的顾客会第一时间想到周黑鸭，喜欢麻辣口味鸭脖的顾客会第一时间想到绝味，剩下的既不喜欢甜辣口味也不喜欢麻辣口味的顾客还有多少呢？据不完全统计，这两种口味鸭脖的市场份额已超过80%，剩余不到20%的市场份额为香辣口味的煌上煌所占据。这解释了为何开创型品牌找到品类中的第一特性至关重要，因为这对应着最大的市场份额。如果我们要进入休闲卤制品这个品类的市场中，是否能够接受这样一个事实，即我们只能获得剩余的极少的市场份额。虽然结局会比我们事先考虑到的最坏的结果要好得多，但又有多少人能够正确、客观地认识并接纳这种状态呢。

让管理者能够在带领团队的同时，充分了解战略的精髓，也是本书的写作宗旨之一。具有强大作战能力的团队通常能充分地理解自己所在企业真正的战略意图，在这个基础上，团队成员能够在企业不同的发展阶段对战略给予充分的认可、支持和配合。这是一般企业的成员做不到的，因为似乎他们所在的企业并没有告诉他们在哪个阶段该怎么配合，也没有给出方向上的指引，他们只能停留在原地接受管理者的一些简单的指挥，而这些指挥的背后是什么，他们就更不清楚了。

第2节

战略为何无法单独存在

在企业内部宣传战略的目的，在于让成员很自然地理解管理层、其他部门在做什么，以便团队更有序地完成工作。这构成战略实施的关键一部分，因为战略需要有人去执行，实施的内容不仅应该分配到每个部门，更应该细致地分到每个人身上。而一般企业的成员，在参与外部竞争时，总是采取分散攻击的方式，这反映了他们的状态是“领导让我怎么做，我就怎么做”，而没有考虑到领导有时候也会出错，自己是否应该在充分理解战略的前提下，及时纠正企业内的错误，因为这是自己的“责任所在”。

如果一家企业中，没有人能够完全搞清楚战略对企业、管理者有什么作用，单从这一点我们就可以断定：目前战略在团队中是没有发挥作用的；这家企业正存在无序经营或缺乏战略引领等问题。也可以说，团队中目前没有形成一个生成战略的环境。企业不必对原有的战略进行修补，因为修修补补对于千疮百孔的屋顶而言，并没有实际用处，在下一场暴风骤雨来临之后，一切还会回到原样。

那么，战略存在的意义是什么？许多管理者无法拨开这一层迷雾，所以在理解战略上出现了较大的偏差。有鉴于此，我们先不用管战略的规划、制定、实施等问题，而应该先弄清楚它对于企业的意义。如果能透彻地认识战略的意义，后续的许多问题都会迎刃而解。

我们已经描述出将事情做好的一半准备工作，接下来的许多工作可以交给领域内的专家来解决，千万别试图在短时间之内把一个问题处理好，因为欲速则不达。

其实，战略的意图很简单，那就是为企业、管理者获得持续的竞争优势，这是企业永续经营、持续盈利的前提。至于战略的规划、制定、实施等问题，可以参考专家的意见。

如果团队内已有了建立初步战略的良好环境，而没有人带领团队搞清楚战略存在的意义是什么，那么战略的规划、制定、实施等，对于企业而言，也同样是困难重重的。

所以，管理者如果已经在孵化战略上做出了一定的努力，则需要马不停蹄地让团队行动起来，因为这时候内部成员、股东及董事对战略的信心十足，且期望也极高，若管理者能以最积极的方式带领团队执行该战略，团队士气会受到鼓舞。如果在这个时候停留下来，成员会感到挫折、沮丧，那么管理者就会彻底丧失战略实施的主动性。

战略是无法单独存在的，为什么这么说呢？

战略只存在于外部市场，而且很大程度上与所在品类有关，我之所以不提倡多元化发展、低价销售、成为通才型品牌，就是因为跨品类发展过多，哪怕是战略领域的天才专家，也不可能为这类企业量身定制有效的战略。

如果一家企业经营着数十个品类，那么为其制定战略这项工作，很有可能需要数年的时间才能完成，届时市场格局、专利技术、赢利点已然大变样了。另外，制定一项涉及多品类、多品牌的战略，工程量巨大，相关的费用也为企业增加了经营负担。

涉及多品类、多品牌的战略在实施的过程中也必然面临诸多的艰难险阻，因为这种战略往往晦涩难懂，连企业的最高领导人也不一定能完全理解。基层员工不可能有那么多时间来倾听跨越数个，甚至数十个品类的战略宣导，哪怕有时间来参加，也不可能记得住。而这一问题的源头，就是企业业务经营的多元化。

这一切，都增加了以多品类、多品牌为经营核心的企业在战略上的风险，企业只有将一些品类与品牌剥离出去，使其独立运营并在短期之内自负盈亏，才不会影响主品类、主品牌在企业中的核心位置。但我明白，管理者对于这一点是很清楚的，他们知道如果这么做，对于企业而言是有效的，但他们同样知道，这样做会导致一些非核心业务在短期之内因为同质化发展、低价销售等劣势而被砍掉，而这也会导致许多利益相关者觉得“这家企业不行了”。

虽然在短时间内风波很难平息，甚至有损声誉，但若要长远地看，这是一家大企业“存活”的另一种证明。长痛不如短痛，如果不愿意用短期的疼痛换取长久的生命，那么企业的生命机体就会一直受到侵蚀，可能产生的结果是：一棵长了上百年的古树，因为害虫防治不及时，在两三年的时间内迅速枯萎。

但问题远不止于此，如果不制定战略，所带来的问题更可怕。正如前面所说，所有成员停留在原地接受管理者的一些简单的指挥，而这些指挥的背后是什么，他们不清楚。没有战略，就没有人知道应该往哪走、怎么走，而最高领导者也会因为缺乏战略的指引，不知道该如何带领这些本应该发挥出大作用的士兵。

上面简短的叙述告诉大家为何“在过程中”与“在结果上”，多品类、多品牌发展比较困难，让各位管理者了解为何只有打造专家型品牌才能让自己免于激烈的市场竞争。这需要我们用心去正视我们的目标，因为过多无用的动作其实是增加内耗的。

通往专家型品牌的道路必然比去向通才型品牌的道路更乏味，缺乏一些喜欢冒险、追求刺激的管理者想要的惊心动魄，所以许多“胆子大”的人不太喜欢这种过于平静的发展路线，但他们或许没考虑过自己是否做好了该做的准备，只是单纯地推翻一些事情，却无法妥善地解决随之而来的问题，其实是无助于企业发展的。

第3节

“里子”和“面子”

我们所讨论的，是能够带领企业走向成功的战略，所以在“面子”上可以不追求太多，而“里子”却要尽可能丰富一些，因为我们是为“里子”买单，不是为“面子”买单，而“里子”就代表着一个令人心生欢喜的结果。

当我为项目方提供服务，尤其是在讨论战略相关问题时，会对“里子”的内容进行充实，其中包含以下维度：①谁是竞争对手；②谁是主要对手；③谁是潜在敌人；④竞争对手的定位；⑤竞争对手的差异化；⑥竞争对手的特性；⑦我们与竞争对手的差距；⑧我们与潜在敌人的差距；⑨如何产生自身的定位；⑩如何寻找对应的品类价值。

涉及的问题几乎都是发生在外部市场的，而这些问题会快速激发起管理者们的“主观意识”。思考这些问题并不是企业所擅长的，我需要在有限的时间内让管理者学到尽可能多的知识，并激发起他们对于外部的敏锐感知。

而“面子”的工作则尽可能由管理者主抓，我们能做的是辅助。且从实际情况来看，这些工作也并不是我所擅长的领域，因为企业是项目方自己的企业，只有企业管理者自己才最了解企业的起源、发展及里程碑事件，我只需要了解企业以下情况：持有多少项专利；持有多少项特有专利；这些专利的优势；目前的优势品牌有哪些；主品类战场在哪里；企业自认为的内部优势是什么；实际的内部优势是什么；有哪些战略领域的人才。

了解了这些，我们就可以结合外部市场进行品类优势的补充了。企业内部涉及的一般是运营效益，只要抓住几个关键点，就可以将品类理论应用在项目中。我相信，对企业内部干预得越少，项目实施的效果就会越好，因为将来项目结束，我们将离开这家企业，而对企业来说最有效的方法则是尽可能通过外部市场改变内部失衡的现状。将大部分时间放在带领企业尽可能多地影响外部市场，才是我们应该做的事情。

外部问题、品类问题，对大部分中小企业来说是严峻的考验，这是中小企业没有办法意识到战略的重要意义的主要原因之一，也正是项目双方需要尽可能去解决的关键问题。

这与双方分析出来的结论、接下来所采取的行动以及行动能达成的效果密切相关，所以必须要对项目中的主要品类战局与所要改善的问题进行详细的分析。当然，放弃现有的运营活动，为项目（新战略）提供足够多的成长契机，团队中必然会有许多人会感到难以理解，这不利于项目朝着好的局面发展。

如果在保证当前业务能够正常运作的同时又开展项目（新品类），是否会两头皆失？我认为在特定情况下是有可能的，在一些难以抉择的大事上更是如此。通常我会将有利因素与不利因素分析出来，让项目主要负责人取舍。在面临两头皆失的境况时，要考虑到企业在一心二用的情况下，还能维持多长时间的“多战局兼顾”状态，包括缺乏优势的品牌（或产品）在既有市场上能生存多久，新品类在市场上是否会显得攻击力严重不足等问题。

打个比方，你能否忍受住在房子里，却要面对装修给你带来的诸多不便，如异味、噪声、污染、缺乏安全感等。作为企业，还要保证这个改变的过程不会轻易被顾客感觉到，并且不能让顾客感受到任何的不舒适，这绝不是一个可以被忽视的简单问题。

为何这么说？因为既有活动（不等同于既有战略）与新活动（不等同于新战略）的内容必然不一致，团队成员会将其视为两种活动，当团队成员接收到信息并开展工作时，自然会发现这两种活动之间存在的冲突。所以企业要综合考量，在两种活动上合理分配时间、人力、物力等资源，如果管理层未充分说明，活动执行者根本不知道该以哪项活动为主。

这就延伸出了下列问题：

①既有活动在开展过程中取得胜利，则意味着新活动失败了；

②既有活动还未被按下暂停键，则新活动可能永远无法成功；

③新活动未汲取重要资源，重要资源继续保留在既有活动上，新活动可能营养不足，甚至胎死腹中；

④执行新活动的项目人员同时也为既有活动负责，具有双重身份，不知如何灵活切换；

⑤ 企业通过既有活动获得很多利润，而新活动可能在未来几个月都不见盈利，新活动很快会被忽视。

新活动的开展必然涉及团队的架构调整、资产的重新配置，只有在准备充足的情况下才能实现预期的目标。

那么，谁来做这些事情呢？

如何翻新，在多长时间内翻新成功，翻新失败又要怎么处理……这些问题都是在企业中没有发生过的，现在需要考虑得如此周详，短时间内是很难找到妥善的应对方法的。是找富有实战经验的经理人，还是找该领域的专家，或者是让一个团队进驻企业？这是否会产生新的运营成本？而这些运营成本是否在翻新的预算之内？

这些问题都需要有解决方法，或者说每个更深层次的问题都需要有对应的管理工具与解决方案，否则翻新成功对于企业而言只是一种想象罢了。如果把这些事情交给没经历过翻新工作的管理者来处理，能够预想的是，很多人必然会经历诸多的困难，从而延误时机。因为他们很可能不会考虑到新战略会受到旧规则的影响，或者旧规则不会在新战略上发挥作用，而觉得新战略情况良好，能够轻松建立起来，这是对问题的轻视，也是缺乏经验的一种体现。

第4节

如何迎接新变化

新冠疫情期间，对于一些复杂问题的处理，会导致企业在品类竞争中的地位不断发生变化。不遵循“医嘱”草率地“乱吃药”，可能引发一些平时潜藏的“基础性疾病”，让“患者”苦不堪言。

身处复杂多变的环境中，面对各种不确定，我们又能做什么呢？有些企业原本身处宏利市场，而股价一夜之间断崖式下降，这像是一个巨石滚落，巨石一旦滚落，就需要付出巨大的代价才能将其推向原处。应对这复杂多变的局势，在残酷的品类竞争中，找到自己的位置，真实地感受自己的存在，这是读者需要遵循本书所提供的规律去实施的关键工作。

有些企业看起来非常健康，无论是在财报、专业人才、研发技术上，还是在盈利点上，都表现出了在行业内的优势，为什么会突然之间走向衰落呢？这是因为当今世界正在经历发展的巨大变动，新旧事物交替带来秩序未明的状态。面对这样的形势，很多企业还在因为觉得自己能够应付正常时期的市场竞争而高枕无忧，却没有考虑如何应付特殊时期的危机，导致准备不足，从而走向衰落。

对每一位企业管理者而言，应对当下的变化已然成为重中之重的任务，是在日常经营中不得不反复思索的。想要在抛弃旧包袱前就搭上“新展望”的顺风车，若还沿用以往的经验，很难奏效。如果以往的经验适用于大部分管理工作，就注定其无法适用于一个全新的领域，如果我们强行将其套用在“新展望”上，必然会产生动力不足、油耗过高、排量超标等问题，自然无法让一个新品类孕育而出，也无法让“新展望”带领着我们去圆梦，充其量是制造了一个跟旧包袱相差不多的“成果”。企业也绝不会因为这个“成果”而受用无穷，因为它不会引发关注、轰动，也无法产生高溢价权，反而还阻碍了企业的发展。

在面对新的波动时，聪明的管理者会发现，一切的秩序、规则都已经发生了重大转变，企业若想找到适用于当下的最新的应对方法，必然需要用全新的思路来参与新一轮竞争，同时用全新的方法拿下新一轮竞争的主导权。如果不这样做，企业在发展上必然存在断层，不仅会造成文化衔接上的断裂，还会陷入惶恐不安的境地。但实际上，情况之严重，远不止于此。参与竞争的企业有很多，如果企业无法通过塑造品类价值来增效，必然无法脱颖而出。打个比方，我们只不过是众多旅行者中的一员，到景点不断按下拍照键，然后匆忙离开，无法体会商战的精髓与景区的内涵，自然无法感受旅程的魅力。

缺乏品类价值的企业，根本不可能参与新一轮竞争，因为想要参与新一轮竞争，首先要有一个全新的身份，这样才方便在全新的市场活动。在全新的市场，为品牌取一个新的名字，并赋予它独特的定位与品类价值，这是一个最佳的选择，是让原本籍籍无名的企业变得卓越的最好方法。

这一步是比较重要的，只有这一步走对，才会有下一步落棋时的重要空位，否则我们只不过是在下一盘没有布局的棋，下场自然是被精通布局的对手吃个精光。有时候我们的惨败、速败，并不是因为对手实力太强，而是我们自身实力太差。竞争中的主导权只有具有品类价值与高度差异的品牌才有资格触及和争夺，如果我们什么都不具备，自然与主导权无缘。空手套白狼的事情人人都想做，但是理智的人清楚，没有几个人做成功过。我们不能依靠薄弱的地基建设起万丈高楼，这是不现实的。

我们自身具有哪些优势、哪些条件、哪些资源……这些需要我们有全面的了解。当然，结论应该是在与竞争对手的对比下产生的，而不是“与以前相比，现在已经好多了”的自我安慰。因为我们最终会置身在市场上，暴露自己所有的优点与缺点。如果想要占据竞争中的主导权，就要积极参与新一轮竞争。唯有尽快让自己所建立的新品牌与品类价值相关联，才能让品牌不再是一个毫无生机的名字。这是最重要的一步棋，一切都围绕这个核心展开，背离这个核心，我们将无从开始。如果有人不屑于这个说法，还觉得提供同质化的产品也能走向成功，并获得高溢价，那么我只能说“拭目以待”了。

同质化品牌处于品类最底层，市场上这类品牌是最多的。它们没有多少真正的实力，所以在遭遇竞争时，往往也没什么杀伤力，或者说在与别的品牌对战时，它们没有什么撒手锏。相反，实力强大的品牌往往拥有溢价权与品类中的话语权，它们总能安然度过 95% 以上的危机，这些都不是同质化品牌所能比拟的。

如果能对“新展望”有清晰的认识与精准的分析，我们就有机会在秩序未明的状态中，将可能产生的损失减少到最低；在保持实力的前提下，将机会扩展到最大，从而将“新展望”转化为“新品类”。

而企业管理者需要做的则是明确，无论在何种时期、何种处境，都会有适合当下的解决办法。我们需要以此为立足点去做好充足的准备，才能安然度过新一轮的“经济下沉”风波。能够在这个时候保持清晰的认识和精准的分析，才能不在“洗牌”中被淘汰出局。

那些沿用传统手段进行新品类活动的企业管理者，则可能面临进一步的“病情恶化”，而这也恰恰是导致问题产生的主要原因。商界中，一些企业本来可以规避风险，却因为不听“劝告”而让自己陷入泥淖。

第 5 章 / CHAPTER FIVE

战略的实施

1 第节

战略实施的时效性

我们先来思考一个问题：为何一项为企业制定的三年战略是没有意义的，甚至是无效的？还要思考下面几个延伸问题：这项新品类战略能用多久？这项新品类战略什么时候会彻底失去作用？何时需要修改这项新品类战略？

当这项战略不再起作用的时候，也就是它背离企业发展意愿之时，我们就需要对战略问题进行重新梳理了。

因为有关战略，有以下几点关键内容需要我们思考和理解。

①实施战略需要时间，但战略不是根据时间来制定的，为一个企业规划出一项“两个月”或“两年”的战略基本上是没有实质意义的。

②如果用时间限定一项战略，在短暂的时间内，很难布局宏伟蓝图。

③在资源不足的情况下，如果强行收尾，对于企业而言自然是不利的。

④ 硬性地规定截止时间，这与我们实施战略时应具备的从容状态相悖，大家只不过是为了在有限的时间内完成任务，没有人真正地为企业的长远发展负责。

⑤时间束缚住了管理者的才能，让管理者不得不屈服于时间要求去做许多不必要的取舍。如原计划向银行借款 2000 万元就能完成的事情，迫于时间上的压力，只能提高债务额度至 3000 万元，但由于短时间内积累不够，一旦无法完成改变的计划，对于企业来说是极为不利的。

⑥一旦战略没有按时完成，也将成为股东退出的依据。

⑦如果战略没有按时完成，对于所有实施战略的成员的打击是巨大的，他们感到努力都白费了。

⑧市场格局不断变化，一旦时间成为催命符，那么企业为了达成目标，净利润就可能代替竞争优势，企业也就走上弯路了，让原本已经积累起来的优势全然丢失。

⑨在战略实施的过程中，各种要素往往是相互加强、环环相扣、交错联结形成竞争优势的，迫于时间的限制，这些效果就无法自然产生。

为战略限定完成时间，就如同让医生答复病人“什么时候可以脱离亚健康状态”“吃药后什么时候可以完全恢复健康”，没有一个医生能够给出精准的时间，因为实际情况与问诊人身体的具体条件有关。

因此，给战略实施限定时间，不能说完全是错误的，却可以说是几乎无效的，这很难让战略带领企业走向成功。例如在制定战略时，计划 3 个月必须完成任务，但实际上却用了 5 个月的时间。虽然超了 2 个月，但这已经是企业在现有情况下尽最大努力所能达到的速度了，那么目前的战略，是制定上存在问题，而不是实施上存在问题。或许战略制定者在一开始就做了许多不合理的规定，受完美计划的诱惑，制定出一项让高层满意的“宏伟蓝图”，却没有想过如何成功实施。

有三个名词可以决定战略的发展方向——“短期战略”“中期战略”与“长期战略”，随之而来的是更多的矛盾和相互排斥。因为大部分企业管理者甚至专家都无法说明“短期”有多短，而“长期”有多长。如何确定现在是处于“短期阶段”还是处于“中期阶段”？如何判定在“短期阶段”是否已经滞留太久，所以有必要迅速进入“中期阶段”？一切都需要提出这些名词的人出来解释一下。

在新品类战略方面，我们可以用“品类生命周期”与“品类小增长期”进行描述，并得出有效结论。很明显，战略需要与实际情况相结合，而不能仅仅被时间所限制，甚至被时间决定发展方向。因为我们是为有效性负责的，如果脱离这一点，战略的意义将无从谈起。

对于时间限定与新品类战略之间的关系，至今没有一个明确的结论，如果说持续性利润与“长期”之间存在关联描述，那也并没有什么效果，我们也不能对阶段性亏损与“短期”进行关联描述，不过借助于“短期”年度的财务结算是合理的，但又应该借助于几年的年度财务结算呢，这个问题同样是不好解释的。所以在做项目时，我虽然会关注这些问题，却不会把它们作为“不得不分析出个结论”的重要问题。

实际情况与战略之间的关联描述，主要是根据战略定位、竞争对手的数量、所处的环境等，有效地对战略进行分析、评估并得出结论，而不仅仅是根据时间上的限制条件对战略进行阐述。因为时间上的长短，可不仅仅由不同的实际情况所决定，还受其他的诸多因素影响，如资源优厚程度、工作上是否做好充足准备、产业上的影响力等。

所以短期之内能够盈利不一定长期来看会存在亏损，而长期盈利也可能有损战略，这得视实际情况来定，是违背战略定位，还是符合战略定位，都得以战略的有效性作为前提。现实中，短期盈利不一定长期是亏损的，因为时间在变，或许十年前的战略施行后，短期内大部分企业要经历亏损，但随着时间的推移，理论已趋于完善，已经能够妥善处理十年前的一些问题，正如十年前无法治愈的疾病，现在可能吃点儿药就能完美解决。

谁能够借助这些理论看到表象后面的本质，谁就能够在激烈的竞争中获取对应优势。很多的战略问题，借助这些理论，都能找到答案。

这时候，一些老旧的认知，也需要适当地刷新一下了。

第2节

致命问题

管理者对于新品类的要求经常是利润最大化，但当前的不协调很有可能让最高目标与利润最大化间产生冲突，如果把最高目标与利润最大化当成同一个目标，很有可能牺牲的是企业的未来。

有些管理者在事业达到巅峰的时候，觉得自己的企业已经获得品类中的最高利润，甚至是所在品类中的最高溢价权，但实际上，这不代表真正获得了最高利润。我在《开创新品类》一书中提到，品类在不同的生命阶段，都有对应的生命周期，当品类处在不同的生命阶段，最高利润是不同的，有高有低。所以我们不能单纯地认为现在的巅峰数据是一整个品类生命周期中的最高利润，否则就一叶障目了。企业应该做的是先了解品类目前处于哪个阶段，是青春期、盛年期，还是稳定期，这些阶段的最高利润是不同的。如果没有了解到位，就有可能错失该阶段真正的最高利润。

有时候，虽然管理者的事业已达巅峰，但现在距离品牌及对应品类的盛年期还有很长一段时间，如果这时候觉得市场份额无法继续扩大，就有可能错失达到巅峰的机会，甚至因此给敌人留下空子而遭到攻击，这是得不偿失的。管理者认知中的品类巅峰数据与实际的品类巅峰数据的差距，还会引发许多大大小小的品类战役，不断地改变着企业在对应品类中的地位。

管理者所说的最高利润应该是新品类战略成功实施之后对应阶段的成果，而不是“认知上的”利润，两者之间有着较大的差异。

有时候企业虽然能够在长期内盈利，但分析一下自身的豪威尔环会发现，品牌这几年发展停滞，而市场上出现了一些豪威尔环比我们更加完善的品牌，它们无论从哪方面来看，都要强上许多，这对于企业来说是非常不利的。如果意识到这一点，企业就要在豪威尔环上针对一些空白的部分进行完善，才有可能回到正轨。

试想，大多数企业在破产之前，也曾是既有品类的霸主，甚至还是既有品类的开创者并拥有领导品牌，在整个发展过程中获得诸多荣誉。我们丝毫不会想象这类企业竟然倒下得如此干脆。如果一个品牌上个月还处于盈利的状态，这个月却突然爆发破产危机，会有人去怀疑其战略的正确性吗？

我认为很少有人会这样做，因为大家很少会就一个看似发展良好的品牌去挖掘问题，尤其是一个大品牌，自然无法对其经营起到良好的监督作用。

但这丝毫没有扭转破产的局面，因为其母公司做了太多自己不擅长的事情，且管理者们又过度相信，依赖多元化，导致将“所有的产品”全部纳入经营业务中。

无论是利润最大化，还是最高利润，都只是企业在发展过程中验证管理者是否达成目标、实现战略的手段之一，通常会以管理工具、考核标准等形式体现出来。企业的最高目标应该是实现战略，而不是实现利润最大化与最高利润。而管理者应该做的是根据实际情况，根据战略的发展进行多方协调，使企业能够在品类竞争中具有高度的适应性，以支持其广阔的发展空间。

很多管理者会滥用战略这个词，是因为其对战略缺乏最基本的认识及理解，这也使得战略在企业内部被错误地应用，当有价值、有效的战略出现在企业中时，管理者却彻底丧失了对于战略的思考，最终让企业在战略发展上落后，甚至失去发展的信心。这是因为，早前的一些咨询公司（如麦肯锡）名义上是为国内的一些企业提供战略咨询服务，实际上却让企业做一些提升内部运营效益方面的事情，这加深了大部分企业对战略的误解，让许多人以为战略问题就是运营效益问题。

有非常多的现实中的例子让我们看到，企业在长期盈利的情况下，依旧可能发生战略上的失败，而这往往不是在通往下坡路时才发生的，而是在最高目标实现之后就产生了。有些管理者在站在金字塔顶端的时候就开始行使一系列“无所不能”的特权，使得战略逐渐偏离原本的方向。虽然会有一部分人在一开始时表现出紧张，但这种不安往往被期待所掩盖。同时，在偏离战略发展方向时，人们可能会被看上去的最佳绩效、最高利润所蒙蔽，像国内的春兰、格力、海尔、比亚迪等均是在品类中已经做到最佳绩效时，开始偏离战略发展的方向。

这也验证了，在商业竞争中，到处充满了诱惑，对于分心的人而言，要善始善终是很难的，唯有保持纯粹、减少贪欲，才能确保事业始终朝着正确的方向发展。

而在短期效益不好的情况下，大部分管理者会惶惶不安，表现出警觉的状态，因为他们深知此种状态不能持续太久，否则会将企业拖垮，采取一些行动让企业尽快摆脱困境才是最佳的举措。企业即使自身不具备创造的能力，也要时刻准备着进行创造的相关活动，将全部的精力及知识投入当下最需要解决的事情上，否则，一切还是会回到原来的模样。

同时，还有一个比较容易犯的错误，也是致命问题，就是仅仅依据财务数据上的变动就对战略进行更改，这是对战略整体上的一致性的巨大危害。换句话说，短期盈利不代表战略受到侵害，而长期盈利也不代表战略无恙。当短期盈利发挥了专业化作用时，对战略是有利无害的；而当企业处于极高的盈利状态时，企业可能朝着多元化发展，对战略的危害性很大。

仅仅是追求财务数据的美好，其实不需要战略也能够实现，低价策略与多元化经营同样可以让企业的财务数据更好看，因为这些类型的企业明显更懂得如何让资金流看上去更强大，但事实上，这只不过是金玉其外、败絮其中，真实的状况只有自己才知道。

有许多实例可以证明，在专家型品牌与通才型品牌狭路相逢时，哪怕前者的资金流只有后者的10%，专家型品牌还是会胜出。因为前者可以确保所有的资金流都能够有效地应用在这场决战中，而通才型品牌因为历史负担较重，需要兼顾的“子女”过多，总是只能将资源平均分给每一个“子女”，自然无法确保自己在大多数战役中获胜。

通才型品牌因为身处于各个品类的竞争之中，不免会在哪一场竞争中被卷入泥潭，如果无法及时从泥潭中脱困，就意味着逐步被吞噬。而专家型品牌在所处的品类中虽然也面临艰难险阻，但由于其只以提供专业化服务而生存，将所有关注点、精力放在所在品类中就可以了，在竞争时，它们自然能获得更多的机会。

专家型品牌虽然存在较大优势，同样也需要做出一些牺牲，如需要不断地对所在品类进行长线的投资，也就是说，其必须用大部分的净利润来换取一个对自己有利的未来。这也是通才型品牌或者大部分企业无法做到的，它们更愿意选择过好当前安稳的生活。

品类的竞争和发展也同样符合大自然的竞争秩序。用足够的资源为自己所在的品类积蓄更多的力量，自然会获得更多的回报，谁能够这么做，谁就能够坚持到底并获得胜利。在新品类发展的阶段，虽然净利润与市场份额都有所增加，但企业仍需不断地为新品类提供财力支持，以将品牌与品类价值紧密关联在一起，进而巩固品牌的优势、地位。这也就造成了不断投资的局面，但这种投资是一种专业性投资、长远性投资，是以牺牲眼前利益来换取未来收益的有效选择。因为选择这种方式的代价很大，愿意这样做的人很少，所以这件事情的有效性就更强。当专业化投资到达一定水平时，防御壁垒会自然而然地体现出来。

而选择安稳度日的企业，也看中专业化路线（新品类活动）的发展潜力，但因为无法舍弃当下的利润，只能选择继续留在舒适区了。或者，它们的品牌因为缺乏品类价值，只能走低价销售的路线，而当前利润已经够少的了，不可能再将这些很少的利润用于长线投资。

一开始贪图准入门槛较低就选择低价销售、同质化发展的企业，哪怕在遇到能够提高准入门槛的品类价值时，也会犹豫不决，最终错失良机。而这一切，都是由错误的开局方式造成的。有些人嘴上说要发展，脚却不愿意挪出一步，甚至是半步。他们不愿意让自己付出一阶段完整的时间，结果只能是余生在惆怅中度过。他们甚至连造船的勇气都没有，却嚷着要去征服一片海。

尽管短时间内他们可以过得相当舒适，但一旦发生危机，他们绝对是最先受到冲击的一拨人，而且，他们没有未来可言。或许他们还自得其乐，并不相信自己的处境已经糟糕到这个地步了，但如果你问他们未来企业的路要怎样走，他们会表示，自己有信心将企业做大做强。

未来属于那些已经制定且正在有序执行新品类战略的专业化品牌管理者，或许他们已经找到了在品类竞争中的超级武器。

只注重眼下利益的企业，目光往往放在财务季度报表上、成员规模上，这类企业的管理者往往无法触碰到最高目标及利润最大化这种深层次的问题，因为他们选择忽略当前的成果，甚至未来的目标，自然不会思考以下这种比较沉重却十分重要的问题：如何应对竞争？如何在竞争中占据主导地位。

或许他们也没有考虑到将来企业会走到哪一步，只是日复一日地做着管理工作罢了。而制定合理、有序的新品类战略的企业管理者，他们既关心现在，也加急筹谋未来；既能正确地认识到眼前利益与发展契机的区别，也能清楚自己到底应该以同质化取胜还是以品类价值争先。这类企业的管理者自然能在两者之间取得较为不错的平衡，他们有可能既在短期内赢得了可观的利润，也不会担心自己在其他领域遭受挫败，而是正确地将这些利润用在为所在品类、对应品牌建设未来上。

睿智的管理者拥有丰富的商界经验，也曾风光无限，也曾陷入绝境，所以在对待一些问题时，往往怀着谦卑之心。他们总觉得自己的实力并不出众，今天所拥有的一切可能只是因为运气好，要好好珍惜当下这一切。他们同样知道，保持长期不间断的盈利是异常困难的事情，而利润不是仅仅依靠实力就能够获得的，还要不断地学习。反观那些没什么真正能力的人，在取得些许成功时，觉得自己所拥有的一些都是自己依靠努力得来的，却没有考虑其他因素。这两种管理者在心态上很不一样，这也是强者以“弱”对强，而弱者同样以弱对强的区别。

睿智的管理者能够解决好短期发展与长期发展不协调的问题，因为他们知道，在这个变化加速的年代，为新品类活动制定一项完善的战略，对企业来说无疑是雪中送炭。这也是他们克服艰难险阻，愿意与单一乏味的专业性工作相伴的主要原因。

如果视品类竞争为一个棋盘，企业应该做的就是避免陷入困境。在避免过度竞争的同时，对于其他品类中的战役，企业应该独善其身，因为在没有优势的情况下贸然卷入竞争是极其不理智的行为。在品类竞争的棋盘内，为敌方设置障碍，而使自己在擅长的领域内获得领导地位，这才是应该尽力去做的事情。

仅靠自己来实现战略，几乎是一件不可能完成的事情。但对自己来说存在难度的事情，对其他人并不见得也存在同样的难度，术业有专攻，战略问题需要战略领域的专家来处理。寻找睿智“军师”的另外一个原因是，战略领域那些非常规性的问题，还是需要用非常规性的知识来处理，这样新品类战略在有限的时间内才能迸发出强大的力量。

睿智“军师”知道，胜利的一方应该在胜利的基础上，保证旧城池的既有秩序，以便将来能够轻松接管。这就间接节省了重新建设所需要的资源，也缩短了建设时间。同时，这也告诉旧城池内的民众，城池新的领导者将会尽可能维护大家的利益，这相当于最大化地维护了市场的稳定。所以睿智“军师”很清楚在打赢战役之后如何稳定好市场，如何谨慎对待可能导致失败的问题，他们不会因为其他人在做什么就跟着做什么，而是做其他人没有考虑到的事情。

打胜仗虽然意味着获得增长，但这也只是完成了战略对应阶段的目标。我见过许多企业在取得了阶段性胜利时异常骄傲，甚至认为自己已经实现了战略，因此开始肆意挥霍，并逐渐失去理智。但实际上，战略的实现带给人们的心情是平静的，因为人们已经经历了太多的大风大浪，这种结局是用异常大的代价换来的，甚至他们深知失去的是更多的东西。我曾经做过一个项目，在项目启动时，女企业家还不到 30 岁，等项目完成后，她已经超过了 35 岁，而未婚夫也因为她过度忙于事业而选择了离开。

许多企业在举行年会时，最高管理者总是会在发放年终奖时进行战略宣贯，宣贯的内容一般是明年要做到多少营业额，获得多少净利润，或者是将手伸到某领域称霸之类的增长话题。大部分企业都是这样做的，所以也不能说这是完全错的，但这些企业往往将来年的营业额定到了一个无法想象的高度，或许是认为今年丰收，明年也必须大幅度增长，否则说出来的话就不够激动人心。大部分业绩出众的人会跟着疯狂呼喊，一些业绩平平，甚至没有完成目标的人只能沉默不语或者赔笑。在这种环境下，企业存在的意义、企业的责任被忽略了，甚至企业为顾客提供的品类价值也被人们淡忘了，所有人的眼中只有管理层为大家制定的“疯狂增长”。

企业如果将增长作为目标，不仅会因为增长的压力而偏离自身的定位，也会不断地产生是否要增长、增长多少、多久增长一次等问题，所有人都陷入了盲目追逐增长的状态中，一切工作都围绕增长展开。某项工作如果是无法带来增长的，很有可能被搁置，甚至被直接忽略，也没有人主动承担。这种状况对于企业而言是悲哀的，因为所有工作都必须靠利益推动。

当然，企业作为经营主体在市场中活动，巨额的成本必须由销售业绩提供支撑，企业也有生存的压力、增长的压力，完全不提增长必然是不合理的。

所以适当地制定增长任务是存在合理性的，但增长只是任务，并不是目标，它只是事情做对了之后自然产生的结果，增长只能作为检验战略是否有效的工具。正确地认识增长，有助于让自己始终走在正确的道路上，而不至于让增长影响做事的标准。

能说得清楚为何在这个阶段要增长，而那个阶段不需要增长，是一件很关键的事情，也是管理者必须要做的，这样才不至于让大家陷入追求增长的状态。有的企业认为在每个阶段，甚至是在经济形势较差的时候，也必须不断地追求增长，这会透支企业的发展潜力。

还有一个问题是，企业一定要合法经营。如果市场上大部分都是合法经营者，一旦出现一个违法经营者，那么违法经营者显然更容易获得成功，但其要付出的代价则是受到法律的严惩。拥有正确价值观的管理者会意识到合法经营的重要性，因为合法经营带来的必然是良性发展，为企业带来的是“肌肉型增长”，而“肌肉型增长”可以用于企业日常的强身健体，虽然一段时间内看不出来什么，但企业的发展有基础性的支撑。而违法经营带来的则是恶性增长，为企业带来的也必然是“肿瘤型增长”，会损伤企业的所有功能，并最终为企业带来灾难。

有时候增长与否，完全取决于战略是否已经生效，管理者必须要知道，上半年的不增长或增长缓慢可能只是为了下半年的强势增长做准备。因为上半年已经采用了有效的方法，在接下来的时间里，企业就可能抢在竞争对手前建立起防御壁垒，以保证下半年能出现强势增长。同时，既有品类为企业带来的增长与新品类为企业带来的增长，是有本质区别的。新品类的出现往往预示着既有品类已经处于稳定期的下行阶段，再往前一步就进入贵族期了，这时候既有品类开始走下坡路了。管理者如果还将大部分增长关注点放在既有品类上，是非常不利于企业的发展前景的。反观新品类为企业带来的增长，虽然这时候新品类的基础市场份额较低，但在未来的发展空间上却不可小觑，因为新品类在整个生命周期中的市场份额大于既有品类，作为替代者，它能提供给企业的养分也必然高于既有品类，所以也会比目前已经遭遇发展天花板的既有品类更有想象空间。它们的出现，承载了企业对未来的所有希望。

对于增长，管理者总是存在许多幻想，但如果连第一步都没有迈出去，增长也就只能停留在幻想中了。

大多数人在商界失败的原因往往是将自己定位得太高，而做得太少，没有在两者之间找到一个较为合理的平衡点，以至于梦想变得不切实际，甚至根本无法实现。或许思绪的驰骋会给人一种愉悦的体验，但不切实际的幻想对企业而言危害极大，因为它总是掩藏着巨大的欺骗性。

真正为企业负责的管理者，他们大体上会认真地考虑所面临的问题，并结合企业的实际情况，找到适用于长短期的方法，并产生解决方案，这通常需要思想碰撞，哪怕短时间的交流过程没有得出有效结论，也不会草率地处理有关战略的问题。

第3节

新品类定律

之前参加宝马某车型战略研讨会，我们做了一份战略方案，并认为，宝马作为一个全球知名的百年品牌，应该围绕自己所占据的“驾驶体验”这一定位，对防锁死刹车系统、牵引控制系统、智能引擎系统、速度控制系统、距离控制系统等进行重点宣传，因为这些都属于宝马重要的战略资源，它们的存在对于宝马“驾驶体验”这一定位（战略）的成功具有重大影响。这一切都是为了增强宝马不同寻常的驾驶体验。

宝马优越的“驾驶体验”不能仅仅停留在具体操作层面，还必须深植于顾客认知之中，以建立起一个更强大的防御壁垒，才能既有效吸引更多看重驾驶体验的顾客，又阻碍其他竞争对手的进攻。

与其他品牌明显不同的是，宝马若只代表优越的驾驶体验，非常有助于获取更多的顾客，因此，企业所关注的不应该是不同车型的定价方案，重点不是考虑如何增长、何时增长等问题，而应该关注战略。一切都应该在宝马所擅长的领域中展开。而积累足够多的想要获得不同寻常的驾驶体验的顾客，同样能让宝马在驾驶体验方面的技术研发能力充分发挥出来，并让技术与驾驶者完美结合，为顾客带来超值的体验。

这些技术让宝马在竞争激烈的汽车品类中，因品类价值而熠熠生辉，同时也让宝马变得更加具有竞争力。宝马的成功，是因为其知道自己在品类之战中需要掌握什么才能脱颖而出，而不是顾客需要什么就提供什么。一百多年前，顾客并没有表示需要一辆具有驾驶感或科技感的汽车，因为他们无法想象一百多年后的科技会这么发达，或许顾客说得最多的一句永远是“希望未来的产品价格更低”，但实际上，这些具有高溢价空间的汽车养活了它们的品牌，这些品牌也从汽车品类中成功地活了下来。

这份方案中还提到，哪怕是一个没有驾驶天赋的顾客，也可以轻松地运用宝马这些技术体验到驾驶的乐趣与成就感。这让品牌与顾客之间建立起一个高价值度的关系链，因为宝马运用在驾驶体验上的一切技术，对于这些看重驾驶功能的顾客来说是十分重要的,而顾客也可以因为宝马是“驾驶专家”而对其抱有完全的信任。

现实中，越来越多的中小企业在经营品牌这件事上做得越来越令人称道。虽然它们自身的规模很小，甚至小到被一些大企业瞧不起，但它们的战略方向是正确的。它们并没有以股东为主，以顾客为主，而是以竞争导向为主。它们总是以“小而精”的方式在品类竞争中占据一席之地，所得到的回报也远远高于所在品类中的平均水平，甚至在净利润上也高过了那些曾经瞧不起它们的大企业。许多“大而不精”的企业，只是具有员工规模的成本负担罢了，如果细看它们的营业额与净利润，你会惊讶地发现：这么大规模的企业，竟然只产生了这么一丁点儿的利润。

在股票市场上受大多数投资人青睐的企业,不一定是营业额高的企业,也不一定是毛利润高的企业，而是品牌与对应品类价值高度关联的企业。这些“小而精”的企业员工数量往往不是很多，却可以凭借专业化的服务为目标群体提供品类价值，在市场中获得不菲的回报，并在其所对应的市场中难逢敌手，甚至在与大企业对战的时候，也能把那些“大而不精”的对手打得毫无还手之力。这些企业认同公平竞争，同时在结果上也是以竞争为导向，当然能非常自然地得到良性的收益。

如果企业无法简洁地展示自己的定位与品类价值，并运用这些武器来解决竞争中的冲突，那么其必然无法获得足够多顾客的青睐。以竞争为主的企业必定视竞争为合理的过程，也以竞争结果为导向。如果没有竞争，企业将回到“大锅饭”时代，整体的环境中自然存在着一种消极的气氛。而那些害怕竞争的企业，或许是因为自身并不擅长竞争，总是试图回避竞争。根本不清楚品类价值是什么的企业，更不知道自己的定位是什么，而只能采取一些在市场上并不怎么奏效的老方法。

有些企业虽然能够意识到战略对企业的重要性，却选择走“假装很懂”的路线，而不是虚心请教，这很可能让企业进入困境。这些企业认为自己能解决专业性的问题，不认同知识和理论的价值，不相信有什么睿智的“军师”，自然不会三顾茅庐了。

还有些企业管理者经常把战略一词挂在嘴边，却不知道战略究竟为何物。他们常说的许多“专业名词”虽然很新潮，甚至还夹杂着英文，但听者只觉得云山雾罩，无法真正理解这些听似高深的语言。

接下来我介绍豪威尔新品类定律，以帮助管理者在规划和实施新品类战略时，形成一些有价值的认知。

① 如果一位企业管理者想知道如何带领团队规划和实施新品类战略，就必须正式地学习相关的知识。

②新品类战略的相关工作是在企业审慎思考，并具有充分的条件后才能展开的。

③ 有关新品类战略的一切行动必须增强有序性，减少模糊性，这有助于让所有人都能理解战略，并将新品类与其他品类区分开来。

④ 企业要尽可能简化并解释清楚新品类战略将解决哪些问题，其存在的价值是什么。

⑤新品类战略必须聚集团队所有人的力量，这有助于大家朝着相同的方向前进。

⑥最大化投入的同时一定要用好群体思维，这有助于新品类战略的专业化发展，也有助于成员更有动力推动新品类的发展。

⑦若想在品类竞争中获得一定的优势，新品类活动必须服务于战略，而有时战略又得服务于新品类活动。

⑧原本的有利因素已经变成对管理者不利的因素，频繁回望过去已然无用，不如抓住新的契机。

⑨不断提升成员对外界的敏感度，这会增强成员的作战能力。

⑩豪威尔环一经确定，原则上不轻易更改，保持一致性才能在品类竞争中取得最佳效果。

⑪新品类活动不需要以平衡作为标准，因为各项活动总存在些许缺陷，而持续优势才是管理者需要持续关注的。

在战略领域中，有效的行动是围绕几个关键因素展开的，而这些关键因素不仅仅能带来巨大优势，还能为成员带来凝聚力，并产生强大的爆发力。

军事战争中的很多用词也适用于商业竞争，比如交战双方所争夺的领土（市场份额）、物资（利润）、人心（顾客）。我们可以看看下列词语中，是否有你经常使用的“关键字”：进攻；震慑；包抄；围困；对峙；确定；树立；调动；佯攻。

进攻是捍卫自身权益、消灭竞争对手的主要手段，但有时候并不是必然手段，这要基于“是否有必要发起进攻”或“如果不进攻会怎么样”等问题的分析。进攻的目的虽然在于打击与摧毁，但也要看自身能否承受得起这场战役的消耗，要对自身的限制因素、优势因素进行多方面衡量，因为这对战争的开始、发展和结局都具有重大影响。除此之外，根据地形、气候条件进行审慎的作战分析也非常重要。所以当这些“关键字”对应着日常经营中的某些战役时，我们就需要注意了，敌人的进攻有时候并不仅仅是包抄，还想要将你“围困”起来，让你在狭隘的地形中处处受到限制。

上述关键字虽然只是军事战争中的一些常用词，却对我们的日常经营影响至深，深刻理解这些关键词，是非常有助于我们探索到商战本质的。当然，在这个基础上，还有一些更具实用性的战术用词：有计划的进攻；有计划的撤退；有计划的反攻；开始有损失时就撤退；损失最小时撤退；消耗敌人的资源；掠夺敌人的资源；毁灭敌人的资源；诱敌深入我们的侧翼阵营；诱敌深入我们的核心阵营；诱敌深入我们的防守阵营；削弱敌人的心理防御；削弱敌人的决心；严守关口；严守重地；强化进攻力；佯装强化进攻力；建造桥头堡。

这些军事用词并没有想象中的那么深奥，睿智的管理者在日常商业竞争中会充分运用它们，并在商业竞争中赢得胜利。如对手的某次攻击的意图是诱使我们深入敌方的核心阵营，从而将我们一举歼灭，这会被睿智的管理者迅速察觉出来，并在防御中找到可用于反攻的计策。

管理者只要保持相对集中式的学习，就能够轻易发现并掌握这些军事用语背后的可以用于商业竞争的规律，在运用的过程中就能产生让人难以置信的效果。

我通过足够多的数据，分析出一些企业在面对新品类战略问题时，存在着许多错误的思维方式。这些思维方式影响着企业的下一步行为，如果不进行纠正，企业就很有可能陷入无法自救的困境之中。

这些错误的思维方式会形成以下几种状态：战略无知；战略含糊；战略莽撞；战略才疏。

这四者，基本上是由满足现状、抗拒未来的心态引起的。处于这种状态的管理者，无法看到“发展停滞则意味着衰败”与“发展必将带来美好”之间的区别。

1. 战略无知

战略无知，即在战略上碌碌无为、随波逐流、束手无策，无法产生有效行为。

战略无知的企业完全不知道什么是战略，也不太在乎战略。另一些企业是“假装很懂”，表示自己有一套战略，但是这套战略完全没有什么实际意义。还有一些企业患有战略失忆症，它们会忘记自己的战略，让企业“自然”运行，或是逐渐开始追求其他目标。

对于战略无知的企业，要打开眼界并且转变意识是很难的，因为它们主动蒙蔽了自己的双眼，不想看到那些自己不愿意接受的新事物。不让其吃一次大亏，是很难唤醒它们的。

战略无知没有速效药，企业只能不断地学习如何构建并执行战略，才能有所改善。

2. 战略含糊

战略含糊，即战略无法明确，战略制定者当断不断，当决不决，无法做出拍板行为，从而导致贻误战机。

大多数情况下，相关的企业管理者在既有活动中已经形成了一套老旧、明确的战略，面对迫切需要的转变，却不愿意放弃那些过时的战略。

这类企业之前有成功实施战略的经验，但早已将实施战略的主旨和战略逻辑抛在脑后，如今仅仅是人人都在机械地重复着过去的行为，不去思考个中原因。选择和结果之间的因果关系已经在这个企业中变得模糊，本应该发挥作用的管理模型也变得模糊。这类企业往往宣称自己有一套战略支持体系，但其真实所做却依据另一个战略模型，如果结果与期望不符，原因也无人知晓。在这样的情况下，改变是非常困难的，管理者再努力也只是得到一个出力不讨好的结果。

若是忘记自己的战略趋势，企业往往会得到深刻的教训。企业必须要明确战略管理模型，并搞清楚其中的假设条件和逻辑，这样就能定期检测这个管理模型是否持续适用。定期拿出一部分时间来回顾并思考自己的行为和做事方式，能让企业与时俱进，并能意识到战略何在，能够有效地保证企业始终处于正确的经营轨道中。

那些已经掉进“战略含糊”陷阱的企业和已经忘记自己战略的企业，都需要尝试返回原来定好的战略途径上，并反思一下自己当时为什么要做出那样的决定，再把其间有可能引发战略改变的外部竞争环境变化一项一项列出来。这么做的目的就是让企业里人人都能重新认识战略逻辑，让大家回忆过去成功的原因，愿意在未来做出改变。

另一个应对战略含糊的方法，是根据企业行为把现有的战略整理出来，借此找寻其中隐藏的逻辑。这有助于企业认清现状，从而明确战略，而不是将战略隐藏起来。

3. 战略莽撞

战略莽撞即战略的规划与实施等工作都做得冒失、粗糙，无法产生有效行为。相关的企业管理者往往四处投资、分散经营，觉得依靠多元化、品牌延伸等“前卫”经营理念进行全线发展可以强大自身，同时出击、加大资金输送、跨品类发展能为自身带来足够多的机会。

面临战略问题的企业通常都有充足的数据证明自己身陷窘境，却不采取任何的应对措施，它们是自甘盲目的。这类企业的战略问题就是战略莽撞，也是最严重的一种问题。这类企业要么忽略事实，不采取措施回应那些战略调整的信号，要么忙于其他事情，完全没有把注意力放在主要问题上。从长期来看，战略莽撞会让事情变得更糟。

战略莽撞主要是由理论知识不足和错误认知引起的。如果企业内部的发展速度无法赶上品类的发展速度，那么管理者将要面临的失败是很难避免的，或者可以说失败是注定的。

4. 战略才疏

战略才疏，即在战略领域学识不深、底蕴不足、判断不准，正常的战略相关工作因此会产生断层。

大多数情况下，企业都能意识到应该做什么，却往往由于内部结构的限制而力不从心。这些企业是结构惰性的受害者，它们必须要打破这个障碍，构建更智能的结构，积极适应战略变化，甚至去推动改变。而进行改变的能力还会受到其资产规模的限制，因为企业一旦做出选择，就很难放弃这些资产重新来过，而当前的资产状况不但会直接影响战略选择，还会阻碍改变，这让企业陷入两难的境地。

最后我再阐述一下战略高智。

战略高智，即在战略领域积累深厚，具有真才实学，博采众长，正常的战略相关工作因此会产生四两拨千斤的效果。

相关的企业管理者能够更加积极、快速地响应外界变化，它们从不安于现状，而且非常擅长自我更新，即使自己打造的品牌已经通过新品类活动站在了品类的最顶端，他们还是会继续追求进步，不断地推动当下的竞争环境的发展，以让竞争对手无从掌握竞争规则，从而增强自身的竞争优势。战略虽然始终不改变方向，战术却在不断变化。当品类竞争环境不断发生变化时，能够迅速做出响应的管理者更有可能经受住对手发起的攻击。

战略高智绝不是一朝一夕就能在团队中形成的，这需要睿智“军师”的指导和管理者的推动。而这一切的最直接影响因素则是“人”，“人”是企业在战略阶梯上攀升的最主要因素，也是有效工具的催生者。着眼于具备战略高智的企业，从不满足于现状，总是在追求进步，永远都被崇高的目标所激励和鞭策，努力争取更优的业绩。同时，它们不断地改进当前的战略，也愿意付出时间和资源来测试激进的新战略方法，并且开发高效的决策流程，以便在诸多可选战略中做出选择。它们走在时代的前沿，把战略变成艺术，时刻准备进行改变，并随时总结经验教训，又能够根据自己的优势，引导环境向着有利于自己的方向发展。

能让企业处于战略高智状态的管理者是富有智慧的，他们认为，作为脑力劳动者，要做的是不断学习，在外部竞争中不断加强对战术的应用，这样就可以获得超额利润。

这些管理者明白，如果想让战略帮自己实现什么，就要让战略始终保持活跃的状态。因为战略并不是昙花一现，需要持续改善其外部环境，唯有不断地更新一些要素，战略才能保持“体态”轻盈。

这些管理者工作起来都讲究“留白”，也就是留出一些空闲的时间，用于学习和思考，然后将想做的事情交给专业的人去做，在给他人机会的同时，也能让自己不断地反思和进步，在工作中还能保持纯粹的自由及快乐。

这些管理者比普通管理者多了一只眼睛，他们拥有第三只眼睛，这第三只眼睛是通过从外界获取足够的刺激而形成的，它对外部市场异常敏感，能够轻易捕捉到普通管理者无法识别的信息。这一切都离不开前瞻能力，是它在起作用。前瞻能力是通过比别人付出更多而获得的，付出不仅仅是资金上的投入，更要求我们去做无人去做的事情，想无人去想的问题。

唯有先人一步，你才能将事情看得明白，也才能把事情做好，这不是大道理，而是硬道理。而战略高智会采用具有灵活性的战略结构图，把重要的环节及标准环节融在一起，便于团队一致推动战略实施。改变战略不仅需要团队意愿，还涉及团队是否具备改变的条件以及资产能否做到损失最小化、利用最大化。

战略无知、战略含糊、战略莽撞，都会带有强烈的个人色彩，个人凭着本能在竞争中想要获取利益来满足自己的基本需求；而在战略才疏的状态下，个人已经能够通过减小外界对自身的阻力来实现自己的目标；至于战略高智，已经能够通过不断的学习进行开创性改造，并协同其他团队共同实现一致的目标。

学习、思考，然后不断地总结，对于战略在团队中的演变是非常有利的。一路走来，在我茫然失措时，我就会静静地坐下来，反思自己所做的事情，是否有益于社会，是否有助于国内的企业管理者。在做项目时，如果得到一些启发，我第一时间用笔记录下来，并在探究和论证之后放到本书中进行分享，希望更多的管理者借助这些知识节省时间成本，做出创新之举。

品类竞争法则是客观存在的，对任何一方都不存在丝毫偏袒。哪一方能够熟悉它，哪一方就能在竞争中躲避危险、寻找机缘，并得到更多的喜悦。在竞争法则不断变化的过程中，战略形态也需要做出相应的改变，一步一步朝着战略高智的方向发展，这样才能提高战略对于竞争法则的适应性。

管理者若是对战略问题不予回应，不断地将有限的精力放在解决一些非根源性问题上，就不仅仅是浪费资源那么简单了，这其实是违背竞争法则的，那么一切的付出最终只能是徒劳。

企业能走到战略高智这一层次，可能跟此前保持多年的良好势头有关。如果企业已经经历了不少风霜，潜意识里把当下的难题当成重要问题进行探索，这种不自满的态度给企业带来了前进的动力。因为多年的良好势头要保持下去，就需要保持对重要问题的关注，这样才不会因为一次错误而大受损失。

倘若管理者真的已经学习了前沿的理论，就会不断要求自己进行严格的自省，这是为了企业始终良性发展，在必要的情况下能够随时做出改变。随时做好准备去改变不足以让企业一下子朝着战略高智的方向发展，却可以让企业暂时摆脱尴尬的现状。

战略高智的衡量标准，可以为团队的绩效提供有效及合理的标准，也能够测试各项配置的有效性。这一切都是为了确保战略活动始终朝着良性的方向发展，同时为团队创造更多的竞争优势。

对于战略高智的衡量标准，若能进行及时审查，并建立一个团队成员共同参与的机制，那么在实施的过程中每个成员就能够轻易地发现问题，并及时地在危机爆发前将问题解决。这将有力地推进战略实施朝着正确的方向前行，还可以避免在战略上出现偏差。战略上的成功操控是没有捷径的，只能通过不断的实践来实现。

在执行战略的过程中，管理者需要不断地对关键部分进行审查，同时确保团队成员步调一致。根据我多年的项目实施经验，审查的内容越精细，审查次数越多，越能弥补战略在早期制定时的不足，也越有利于管理者带领团队做出高质量的业绩，从而显著提升投入产出比，为攀向战略高智打下牢固的基础。

如果在战略的审查环节上不建立共同参与的机制，就等同于忽视团队的力量，如同告知团队这样一个信息：战略任其发展，而我毫无作为。这不仅模糊管理者的视野，也大大打击了团队的积极性，变相抑制了团队成员的作战能力发挥。这一切最终会使企业朝着“战略含糊”发展。

还有一种常见的现象，管理者付出很多成本找出了问题，并且对问题所带来的危害有了一定的认识，也确定了解决时间及方案，在行动上却无限期地拖延。在我看来，他们并非不知道自己在做什么，而是始终庆幸自己虽然处于犹豫中，却还能平安无事。他们明知自己的做法不对，却还是对胜利满怀希望，这种处境是最危险的。

随着竞争法则的推动，股东会越来越没有耐心，因为他们不直接参与竞争，根本无法了解竞争中存在弹性，这种弹性如果掌控不好，可能导致团队一举走向毁灭。股东想要的是药到病除，但是要达到这个要求是非常困难的。

我经常帮助一些身处险境却否认危险存在的管理者认清现实，通过阐释财报数字的不理想、品类份额的下滑、净资产缩水等让他们意识到问题所在。这时候企业必须要建立起相应的防护措施，才能抵住暴风雨的侵袭，否则就可能走上绝路。

新品类战略存在的目的就是帮助企业离绝路越来越远，如采取一系列能带来可持续增长的措施，以此引进更好的资源，从而更早一步进入良性循环，在这种良性循环中，企业能探索到更多有利于自己的资源。

阅读到此处的企业管理者：

你是否能在企业内部随机选出一名员工，让他用30秒的时间描述出当下企业的战略意图？

这名被选中的员工是否能以30秒的时间清楚地将战略告知一个新加入的员工，并让其明白加入本企业，应该为哪些事负责？

如果能做到这些，那么你的战略是清晰的；如果暂时还做不到，你应该考虑一下，目前企业的发展是否偏离方向了？

在经济环境较好时，尽管管理者不懂战略或团队中没有战略存在，企业也能盈利。在战略以外的领域，企业凭着管理者的努力及天赋，也能做到盈利。而在战略以内的领域，虽然地盘很大，但竞争很激烈。如果你视自己为勇于拼搏者，就应该积极地运用新品类战略理论去捍卫自己的权益，否则你很可能要面临出局。

每个企业管理者都应该知道，利润高的市场，往往是不缺乏竞争对手的，早已有人在一旁虎视眈眈，伺机而动。

这些实力强劲的对手往往是批量出现的、规模化的，同时又具有统一作战的能力，其往往蓄谋已久，又能为品类市场提供更多差异化、品类价值及更低的价格。

在这种情况下，快速提出一个有效应对危机的方法通常是非常困难的，因为在“战略无知”的企业里，也不可能有“战略高智”方面的人才。

最近我在做一个项目，就是将分散的业务整合为向企业提供的“长时间性服务”，甚至是“永久性服务”。其中“再度辅导”的业务非常有利于双方共赢，而企业只需要支付较少的咨询费用，就可以获得更好的效果。

长期辅导可以做到长期跟进，在帮助企业获取足够的品类优势时，项目团队还能完善自己的理论体系。同时，新的理论又会为国内更多的管理者提供帮助。实行这种模式可以为企业节省很多费用，因为企业重视的是能够解决冲突的能力，它们只需要为能力买单。而有能力的人无论在哪里都能大放异彩，因为他们总能在号角响起后迅速进入状态，并最终赢得胜利。

中国未来的咨询业，应该也有机会朝着这个方向发展：咨询业内人员不再扮演高高在上的“专家”，他们看起来是可爱的、真诚的，不以物质利益为选择工作的标准，而是对国家和社会怀着责任感。希望更多人士参与进来，为帮助国内的企业管理者认识品类理论与战略知识，做出自己的贡献！